UM OLHAR PARA A SAÚDE MENTAL

Caminhos para uma vida equilibrada

EDITORA CHAVE MESTRA®

EDITORA CHAVE MESTRA®

Av. Marcos Penteado de Ulhoa Rodrigues,
1119 – Tamboré, Alphaville – SP,
Ed. Office Shopping Tamboré –
Andar 21 – Sala Chave Mestra
CEP: 06460-040
@editorachavemestra
editora@editorachavemestra.com.br
www.editorachavemestra.com.br

Título original em português:

Um olhar para a saúde mental:

caminhos para uma vida equilibrada

DIREÇÃO EDITORIAL
Raquel Medeiros

COORDENAÇÃO EDITORIAL
Bartira Costa Neves

EDITORIA JR.
Larissa Robbi Ribeiro

ASSISTÊNCIA EDITORIAL
Amanda Karine Grossel
Eloiza Andrade
Flávio Alfonso Jr.

REVISÃO
Gabriela Andrade
Karina Makiyama

DIAGRAMAÇÃO E PROJETO GRÁFICO
Daniel Marchesani

***BRANDING* DE CAPA**
Izzo Medeiros

Dados Internacionais de Catalogação na Publicação (CIP)

Vale, Rogério (Organizador)

V149 Um olhar para saúde mental: caminhos para um vida equilibrada / Rogério Vale (org.) – Barueri, SP: Chave Mestra Editora, 2025. 248 p.: 16 x 23 cm

ISBN 978-65-5496-112-7

1. Saúde mental. 2. Bem-estar. 3. Qualidade de vida. 4. Vida equilibrada. 5. Desenvolvimento pessoal. I. Título.

CDD 158.1

UM OLHAR PARA A SAÚDE MENTAL

Caminhos para uma vida equilibrada

APRESENTAÇÃO

Vivemos em uma era em que a saúde mental deixou de ser um tema periférico para ocupar, com urgência, o centro das discussões sobre qualidade de vida, bem-estar e desenvolvimento humano. Em meio a uma rotina acelerada, conectada e, muitas vezes, solitária, cresce o número de pessoas que enfrentam desafios emocionais profundos e buscam não apenas alívio, mas também um reencontro consigo. É nesse cenário que este livro se apresenta como um convite generoso e necessário à reflexão, ao acolhimento e à transformação pessoal.

Um olhar para a saúde mental: caminhos para uma vida equilibrada é mais do que um conjunto de capítulos, é uma jornada composta por temas que atravessam o cotidiano de todos nós. Desde a importância da regulação emocional até os impactos da tecnologia em nossa mente, esta leitura oferece uma abordagem ampla, sensível e fundamentada sobre os diversos aspectos que moldam nossa saúde psíquica. Em cada página, somos conduzidos a olhar com mais honestidade para dentro, a reconhecer nossas vulnerabilidades e, principalmente, a acolhê-las com empatia e coragem.

Entre os temas abordados, encontramos reflexões profundas sobre autoaceitação, psicoterapia, distorções cognitivas, o papel das relações humanas, espiritualidade e autenticidade. Há também espaço para discutir fenômenos contemporâneos como o *burnout*, o uso excessivo das redes sociais, os efeitos da liderança no ambiente de trabalho e os impactos da comparação constante com os outros. Tudo isso sem perder de vista a delicada conexão entre corpo e mente, entre respiração e emoção, entre silêncio e liberdade interior.

UM OLHAR PARA

A SAÚDE MENTAL

Caminhos para uma vida equilibrada

Esta obra é um chamado ao despertar coletivo. Ao abordar o cuidado de si como uma prática cotidiana — que vai desde o simples ato de respirar com consciência até o gesto corajoso de pedir ajuda —, ela nos lembra que saúde mental não é somente a ausência de transtornos, mas a presença de sentido, de vínculos saudáveis e de uma vida vivida com verdade. Em tempos marcados por excessos e escassez emocional, esse olhar é, ao mesmo tempo, bálsamo e farol.

Mais do que oferecer respostas prontas, *Um olhar para a saúde mental* provoca perguntas importantes: quem somos além das máscaras que usamos? Como cultivamos a resiliência diante das perdas? Que tipo de liderança estamos exercendo no mundo — sobre os outros e sobre nós mesmos? O que nos impede de viver com mais equilíbrio? E o que pode nos ajudar a alcançá-lo?

Se você chegou até aqui, talvez esteja em busca de algo que ainda não conseguiu nomear. Este livro não pretende resolver tudo, porém pode — e certamente vai — abrir caminhos. Com delicadeza, profundidade e conhecimento, ele nos convida a ver a saúde mental não como um destino fixo, mas como uma trilha possível, feita de escolhas diárias, de pequenos atos de amor-próprio e de encontros significativos com o outro e consigo.

Boa leitura e boa jornada.

EDITORA
CHAVE MESTRA®

SUMÁRIO

UM OLHAR PARA
A SAÚDE MENTAL
Caminhos para uma vida equilibrada

Alexandra Mourão

Sou Alexandra Mourão, natural do Rio de Janeiro/RJ. Atualmente, moro em Fortaleza/CE. Desde pequena, sempre fui curiosa e questionadora, e acreditava que o conhecimento me levaria longe. Fui aluna de escola pública e minha trajetória foi marcada por grandes mestres, que me ajudaram a compreender o valor do aprendizado e a importância de investir em mim mesma. Assim, tornei-me educadora.

Encantada pelo potencial de crescimento do ser humano, encontrei na Psicologia um caminho. Há mais de quinze anos atuo no desenvolvimento humano, integrando minha experiência aos campos clínico e educacional. Também faço parte da construção de um programa lindo de educação socioemocional. Ajudar pessoas a se tornarem sua melhor versão é o que faz meu coração bater mais forte.

alexandrammourao

REGULAÇÃO EMOCIONAL E SAÚDE MENTAL

1

Por Alexandra Mourão

Em que medida as emoções impactam nossas vidas? Sentir demais... sentir de menos... há muitas formas de "sentir". É indiscutível como as emoções influenciam nossas escolhas e interferem no nosso bem-estar psicológico. Como seres humanos, somos atravessados pelo que sentimos e lidar com as nossas emoções é um desafio diário. Por isso, a saúde mental se tornou um tema essencial nos dias de hoje. A busca pelo equilíbrio revela que, de modo geral, ainda vivemos em desequilíbrio. Mas por onde começar?

Comecemos pelo que diz a ciência. Segundo Knapp e Beck (2008), pessoas que desenvolvem habilidades de regulação emocional têm uma melhora na qualidade de vida e uma redução significativa de sintomas psicopatológicos. Em outras palavras, aprendemos a equilibrar nossas emoções, fortalecemos nossa saúde mental, ampliamos nossa capacidade de lidar com adversidades e nos tornamos, gradualmente, nossa melhor versão.

Além do impacto individual desses conhecimentos internos, é válido acrescentar que eles precisam ser ensinados e compartilhados com o maior número de pessoas para que tenhamos uma sociedade mais saudável e mais regulada emocionalmente. Nessa perspectiva, programas de educação socioemocional são necessários para a promoção da saúde mental e na construção de uma cultura que valorize o autoconhecimento e o desenvolvimento de habilidades socioemocionais.

O objetivo com a aprendizagem socioemocional é desenvolver nas pessoas a capacidade de manejar suas emoções, construir e manter relações saudáveis nos âmbitos pessoais e profissionais, lidar com situações complexas e conflituosas de forma equilibrada e preocupar-se com as necessidades de outros de forma empática e altruísta. É por meio dela que as pessoas desenvolvem competências

> socioemocionais e comportamentos pró-sociais que envolvem a consciência social e de cidadania (Cavalcanti, 2023).

Ensinar as pessoas a regularem suas emoções a partir da infância contribui para que elas se expressem de formas mais saudáveis diante de situações desafiadoras. Todos deveríamos passar por um "processo de alfabetização emocional" para conhecermos os pilares da saúde mental: emoções, pensamentos e comportamento.

A relação entre esses elementos pode ser mais bem compreendida com base na Terapia Cognitivo-Comportamental (TCC), abordagem teórica que atualmente é considerada "padrão-ouro" de tratamento e intervenção psicológica, bem como de alguns conceitos importantes da neuropsicologia. A TCC disponibiliza várias ferramentas baseadas em evidências científicas cujo objetivo é identificar e modificar padrões de pensamento distorcidos e comportamentos desadaptativos, favorecendo uma regulação emocional mais eficaz.

A espécie humana evoluiu. O cérebro humano também. Capacitá-lo para planejar, prever e criar melhores estratégias de ação se tornou imprescindível. No entanto, só podemos fazer isso se compreendermos o funcionamento dessa "máquina" tão sofisticada. Precisamos fortalecer conexões neurais que promovam nossa saúde emocional e bem-estar. Um cérebro saudável aprende novas maneiras de se adaptar às circunstâncias. Este é o entendimento de Ramon Cosenza (2023):

> [...] o comportamento pode se modificar e tornar-se mais adaptativo. A aprendizagem, do ponto de vista neurobiológico, envolve basicamente a formação de novas conexões entre os neurônios, por meio do que chamamos de neuroplasticidade: em determinados momentos, os neurônios que disparam juntos vão fortalecendo suas conexões ou formando novas ligações com outras células [...].

Ainda segundo Cosenza (2023), isso aumenta a efetividade dos circuitos formados, melhora o desempenho em determinadas ações e propicia o surgimento de novas capacidades e condutas.

É importante lembrar que ninguém nasce sabendo regular as próprias emoções. Assim como aprendemos a falar e a escrever, também precisamos ser ensinados a lidar com o que sentimos — um processo de aprendizagem que acontece ao longo da vida. No entanto, esse é um requisito básico para que o ser humano possa evoluir e alcançar seus objetivos. Nossas emoções são, além de expressões subjetivas, processos mentais que podem ser aprendidos e modificados.

A desregulação emocional é a dificuldade em compreender, gerenciar ou lidar com as emoções. De acordo com Leahy (2020),

> Quando estamos intensamente emotivos, com frequência, vemos as coisas ampliadas, desproporcionais e sem uma perspectiva razoável. Isso não quer dizer que não devamos ter emoções – mas a intensidade, o sentimento de estar devastado e a tendência a agir impulsivamente no momento podem se tornar um problema.

Nessa perspectiva, se nossas emoções estiverem desreguladas, provavelmente teremos prejuízos consideráveis em nossas vidas.

A forma como interpretamos o que acontece ao nosso redor tem impacto em nossas emoções e nossos comportamentos. Em vez de reagirmos diretamente aos acontecimentos propriamente ditos, respondemos ao significado que atribuímos a esses eventos. O problema não é sentir; a grande questão surge quando as emoções saem do controle e se tornam excessivamente intensas ou desproporcionais à situação.

Epicteto (2023), filósofo grego estoico, dizia que os homens não sofrem pelas coisas em si, mas pela interpretação que fazem dessas coisas. Essa reflexão está diretamente relacionada à forma como a TCC entende o nosso funcionamento interno, isto é, não são, necessariamente, as situações que nos afetam, mas sim a maneira como as enxergarmos. Isso acontece porque as nossas emoções também estão ligadas à nossa forma de interpretar a realidade.

> As emoções são impulsos elétricos e químicos no corpo que nos alertam sobre o que está acontecendo. Muitas vezes, esses sinais começam com a visão, o tato, a audição, o olfato e o paladar. Então, eles viajam até o cérebro, onde são processados em uma área chamada sistema límbico, especializada em observar e processar emoções para que você possa reagir aos acontecimentos que as causam. O sistema límbico também é conectado ao restante do cérebro e ao corpo para poder avisá-lo sobre o que fazer em resposta a uma situação emocional (McKay; Wood; Brantley, 2019).

As emoções têm uma função adaptativa e sinalizam que algo merece a nossa atenção. Ao receber informações relevantes, o cérebro reconhece que algo está acontecendo e se prepara para responder. Por exemplo, ao sentirmos medo, ele está automaticamente tentando nos proteger. Nossas reações fisiológicas são ativadas: o coração acelera, a respiração fica mais rápida e os músculos se contraem, caso haja necessidade de fuga ou defesa. Nessas circunstâncias, a amígdala, área responsável por ativar nossas emoções diante de situações desafiadoras, de forma automática e rápida, atua como um "alarme emocional".

No entanto, diante da intensidade da resposta, muitas vezes, não conseguimos processar a informação e refletir sobre qual seria a ação mais adequada. Por isso, é fundamental lembrar que as emoções precisam ser processadas. Isso significa parar, reconhecer e compreender o que estamos sentindo e encontrar uma maneira saudável de lidar com elas. Assim, o cérebro vai aprendendo, aos poucos, que não precisa reagir de forma exagerada quando algo sai do controle.

É necessário buscar novas formas de pensar e agir diante de emoções intensas e desconfortáveis. Ao repetirmos constantemente os mesmos pensamentos, emoções ou comportamentos, criamos padrões mentais. Os neurônios envolvidos nesse processo tornam-se cada vez mais fortalecidos. Por exemplo, padrões de medo constante, raiva intensa ou ansiedade excessiva podem se tornar cada vez mais automáticos, pois o cérebro aprende a fazer esse caminho com rapidez.

Como afirma Brackett (2021),

> precisamos da capacidade de experimentar e expressar todas as emoções para diminuir ou aumentar as que são agradáveis ou desagradáveis, a fim de alcançar um maior bem-estar, tomar as decisões de modo mais fundamentado, construir e manter relacionamentos significativos e concretizar nosso potencial.

Aprender a pensar de forma mais assertiva é um passo importante para regular nossas emoções e alcançar mais bem-estar. Com esse movimento interno, ativamos o córtex pré-frontal, área responsável pela organização e planejamento das nossas ações. Quando começamos a praticar novos comportamentos ou novas formas de pensar, estamos também criando conexões neurais.

Atualmente, é inegável que os índices de saúde mental atingem níveis preocupantes, exigindo atenção imediata. Esse cenário revela a importância de ações psicoeducativas acerca de conhecimentos que, de fato, possam contribuir significativamente para a promoção da saúde mental e do bem-estar psicológico de todos.

Quando adquirimos habilidades para fazer escolhas mais conscientes e cultivamos uma postura de autocuidado, aprendemos a gerenciar melhor as nossas emoções e, assim, caminhamos em direção à nossa melhor versão.

BIBLIOGRAFIA

BECK, J. S. *Terapia cognitivo-comportamental*: teoria e prática. 3. ed. Porto Alegre: Artmed, 2022. *E-book*.

BRACKETT, M. *Permissão para sentir*. Tradução de Livia de Almeida. Rio de Janeiro: Sextante, 2021. *E-book*.

CARVALHO, M. R.; MALAGRIS, L. E. N.; RANGÉ, B. P. (org.). *Psicoeducação em Terapia Cognitivo-Comportamental*. São Paulo: Sinopsys, 2019. *E-book*.

CAVALCANTI, C. C. *Aprendizagem socioemocional com metodologias ativas*: um guia para educadores. São Paulo: SaraivaUni, 2023. *E-book*.

COSENZA, R. M. *Por que não somos racionais*: um cérebro antiquado num extraordinário mundo novo. 2. ed. Porto Alegre: Artmed, 2023. *E-book*.

EPICTETO. *Manual de Epicteto*: Encheirídion de Epicteto. Cotia: Pé da Letra, 2023.

KNAPP, P.; BECK, A. T. Fundamentos, modelos conceituais, aplicações e pesquisa da terapia cognitiva. *Revista Brasileira de Psiquiatria*, São Paulo, v. 30, supl. 2, p. S54-S64, 2008. Disponível em: https://doi.org/10.1590/S1516-44462008000600002. Acesso em: 22 abr. 2025.

LEAHY, R. L. *Não acredite em tudo que você sente*: identifique seus esquemas emocionais e liberte-se da ansiedade e da depressão. Porto Alegre: Artmed, 2020. *E-book*.

McKAY, M.; WOOD, J. C.; BRANTLEY, J. *Terapia comportamental dialética*: livro de atividades. Rio de Janeiro: Sextante, 2019. *E-book*.

"A sua nova versão espera por você. Invista em si mesmo."

Alexandra Mourão

Ana Carla Marques

Meu nome é Ana Carla Marques, sou terapeuta sistêmica e consteladora familiar. Tenho a honra de ser mãe de quatro filhos incríveis, porém minha maternidade precoce, aos 13 anos, e minha infância desafiadora me fizeram amadurecer muito cedo e desenvolver problemas emocionais.

Aos 24 anos, a depressão chegou à minha vida, fazendo-me olhar para dores profundas que eu não sabia como curar. Pensei que nunca conseguiria sair daquela tristeza, mas algo dentro de mim se recusava a desistir. Decidida a mudar minha história, mergulhei no autoconhecimento, curei minhas feridas emocionais e transformei minha dor em propósito de vida. Hoje, com meu trabalho, já ajudei dezenas de pessoas a resgatarem sua autoestima e a viverem de um modo mais leve e feliz.

anam.constela

+55 (15) 99695-7335

AUTOACEITAÇÃO: O SEGREDO PARA UMA VIDA MAIS FELIZ

2

Por Ana Carla Marques

O ano era 2014. Fazia pouco mais de quatorze meses que havíamos quase perdido nossa primogênita por conta de um acidente doméstico. A vida até aquele momento havia tido suas dificuldades, altos e baixos como a de todo mundo, porém eu, como a fortaleza que sempre busquei ser, lidava com tudo focando em agir e resolver, nunca parando para sentir as emoções e me acolher. Afinal, não dava tempo.

De repente, senti meu coração disparar. Eu estava na loja onde trabalhava e simplesmente senti. Nada de especial estava acontecendo naquele momento. Ainda não sabia, mas era a ansiedade se apresentando para mim pela primeira vez.

A partir daquele episódio, tudo mudou. As crises de ansiedade se intensificaram e, cada dia mais, eu perdia o controle das minhas emoções, sem saber quando ela ia chegar. Não havia dia nem hora certos para sentir aquele pânico e a sensação de morte.

Em uma das crises, perdi o controle do meu comportamento e acabei por ter uma atitude agressiva com meu marido, na época. Meu filho presenciou a cena e percebi que poderia causar traumas profundos em toda a minha família se continuasse daquele jeito. Foi um sinal de alerta.

Liguei para todas as clínicas da cidade e consegui uma consulta para o período da tarde. A consulta custava praticamente um terço do meu salário, mas não pensei muito e agendei. Eu precisava resolver aquela situação antes que fosse tarde.

Com meu filho de 3 anos no colo, fui de ônibus até a casa da minha mãe, para que ela ficasse com ele enquanto eu passava na consulta. Chegando lá, não havia ninguém em casa. Pensei em desistir, mas sabia que precisava fazer o que tinha que ser feito. Retornei até o ponto de ônibus, e seguimos para o consultório.

Chegando ao local, deparei-me com uma sala bonita, grande, que tinha um espaço para crianças, com giz de cera e folhas. Felizmente, meu filho pôde ficar lá desenhando enquanto eu, desesperada, falava sem parar para a psiquiatra tudo o que eu estava sentindo. Era um pedido de socorro a cada frase dita a ela.

A médica foi extremamente acolhedora e empática. Ouviu-me por mais de uma hora, e me disse que aquilo que eu estava sentindo era ansiedade. Explicou que, se eu tomasse a medicação, tudo se estabilizaria e minha vida voltaria ao normal.

Enfim um fio de esperança, após meses de incerteza e medo. Tudo se encerraria naquele dia. Doce ilusão. Ainda havia uma longa jornada de revelação e acolhimento de tudo o que estava escondido em minha sombra (Jung, 2012). Hoje, entendo que o medo da morte da minha filha foi o gatilho para todas as emoções reprimidas há tantos anos.

Pouco tempo depois, com o uso da medicação e a terapia, já me sentia melhor. Tive coragem de me divorciar, estava crescendo em minha profissão, ganhando dinheiro e me relacionando amorosamente. Tudo parecia tão maravilhoso que decidi, por conta própria, parar com o tratamento medicamentoso e com a terapia. Erro comum e grave que pessoas com problemas emocionais cometem. Acredito que você já saiba do que estou falando.

Não era de se esperar que acontecesse algo diferente: sem tratamento, meu emocional se desregulou e, em vez de ter crises ansiosas, comecei a ter episódios depressivos. Tudo foi tão avassalador que eu não conseguia suportar. Acabava com uma caixa de calmantes em três dias, não conseguia mais trabalhar, e meu namorado tinha que passar em casa nos intervalos do trabalho para me levar comida e garantir que eu estava bem.

Como se não bastasse, tínhamos que tentar esconder minha doença da família dele. Se desde o início já não me aceitavam, imagina com depressão! O que falariam, não é mesmo?

A depressão foi se intensificando cada vez mais, como em um ciclo sem fim. Sentia-me para baixo, sem valor e triste. Tentava fingir que estava bem em sociedade, mas isso fazia com que eu me sentisse ainda mais desvalorizada, reiniciando o ciclo. Como resultado, outro relacionamento terminou, apenas uma semana após eu perder mais um emprego.

Esses eventos desencadearam uma crise tão profunda que me fizeram sumir por dias, enquanto minha família me procurava em hospitais e necrotérios e tentava acionar a polícia para me encontrar. Até hoje, sinto muito por toda a dor que causei a todos que me queriam bem. O desespero era tão profundo que somente fugir e dormir fazia sentido.

Retornei para casa me sentindo no fundo do poço: sem dinheiro, sem relacionamento e sem trabalho. Só tinha Deus e disposição para recomeçar e mudar minha história. E isso era o suficiente. Fiz uma promessa: descobrir e aprender como minha mente funcionava, ou morrer tentando.

Após essa decisão, aos poucos, fui sendo apresentada a técnicas, estudos e pessoas que me forneciam a orientação que eu precisava naquele momento para entender o que estava se passando. Hoje, vejo que foi Deus abrindo o caminho para essa jornada.

Nunca me esquecerei do dia em que, sem dinheiro, fui ao supermercado tomar café antes do trabalho. Foi lá que vi o livro *A magia* (Byrne, 2016). Pedi ao meu ex-marido que o comprasse para mim; foi um presente maravilhoso e meu primeiro contato com a energia da gratidão. Depois, fiz os cursos de *coaching*, analista comportamental, entre outras formações em desenvolvimento humano.

Eu estudava sem parar e até progredia, mas a passos lentos. A cada decepção e fracasso, eu caía novamente. Afinal, eu não me aceitava do jeito que era, tinha vergonha da minha história, e sempre que algo não estava bom, eu me massacrava como um carrasco. Ninguém nesse mundo foi capaz de me tratar tão mal como eu mesma. Vivi esse ciclo de fracassos e recaídas por mais de seis anos, lutando contra o vício em calmantes, estudando e trabalhando sem parar. Caía e me levantava, eu não ia desistir. Lembra da promessa?

Até que, em 2020, tive meu primeiro contato com a constelação familiar e vi um mundo se abrir à minha frente. Aquela técnica profunda revelou-me que a causa dos meus problemas devia-se à minha postura na família de origem. Nunca havia experimentado algo que me tocasse e aliviasse de verdade, e senti que havia chegado a hora da virada. Pela primeira vez, parei de olhar para fora, movi meu olhar para o interior e acolhi a minha criança, tão machucada e abandonada, que estava à espera daquele encontro para que eu lhe desse carinho e amor.

Foi naquele momento que eu me aceitei e me amei incondicionalmente, apesar de todas as minhas falhas e imperfeições. Entendi que todas as decisões que eu tinha tomado na vida eram porque eu estava sofrendo. Parei de idealizar que o meu estado de felicidade e amor-próprio chegaria quando eu fosse da forma que idealizei. Aprendi que eu só conseguiria mudar quando acolhesse e integrasse toda a minha história. Aceitar-me por quem eu era, e não pelo que eu fazia.

Veio à luz, então, que toda a aceitação que eu buscava fora era um reflexo da rejeição que eu tinha de mim mesma. Afinal, enquanto você não se amar sem condições, a vida dará as condições para que você não se ame.

E foi justamente nesse momento, quando me aceitei, que tudo se transformou. Casei-me novamente, tive mais uma linda filha e finalmente me encontrei em uma profissão. Trilhando esse caminho de volta para casa, me amando e me aceitando como sou, consegui conquistar a vida que sempre sonhei.

Este capítulo que você está lendo também é um sonho realizado. Afinal, quem imaginou que a garota depressiva um dia estaria ajudando outras pessoas a saírem do fundo do poço e a realizarem seus sonhos?

Quando olho para trás, vejo que Deus trabalhou em mim como uma concha trabalha para criar a pérola. É ali que o grão de areia entra e machuca, para que se inicie o processo de transformação. A partir de toda aquela dor, cria-se algo lindo e valioso, raro de encontrar.

Foi dessa dor transformada que nasceu o meu trabalho, que eu chamo carinhosamente de "trabalho do ser". Nele, reuni todo o conhecimento que adquiri nessa jornada e desenvolvi meu próprio método de atendimento, cuidadosamente pensado para guiar você em direção à sua melhor versão.

Cada dificuldade, cada tentativa de mudança, ensinaram-me, na prática, o que fazer para uma transformação genuína. E acredite: você também pode transformar sua dor em algo maravilhoso. Basta olhar para o grão de areia que pode parecer prejudicial e acolhê-lo, mesmo que ele esteja lhe machucando constantemente, em vez de desperdiçar suas energias tentando escondê-lo ou fingindo que ele não está ali.

Aceite-se, acolha-se e, ao encontrar o que há de mais valioso em seu ser, o mundo tratará você de acordo com seu real valor. Pergunto: até quando você vai ficar sonhando com o dia em que vai ter todo o sucesso que deseja para, apenas então, finalmente se sentir feliz e se amar?

A verdade é que o caminho é inverso: o primeiro passo da sua jornada é se aceitar e se amar. Quando esse amor floresce, os sonhos de uma vida nova vêm como consequência, e não o contrário.

Se você está pronto(a) para dar esse passo, estou aqui para guiá-lo(a). Posso mostrar a você o caminho e pegar na sua mão durante a jornada. Afinal, quem melhor do que alguém que já trilhou esse caminho para lhe dar o mapa, não é mesmo? Ele foi carinhosamente desenhado e moldado para que você possa se reencontrar e descobrir a vida maravilhosa que está a poucos passos, esperando apenas pela sua decisão. Acesse o *QR Code* a seguir e me chame. Tenho um presente para você nesse início de caminhada.

Meu desejo é que a vida que você sonha o encontre no reflexo do espelho da sua autoaceitação.

Com amor,
Ana

BIBLIOGRAFIA

JUNG, C. G. A natureza da psique. *In*: JUNG, C. G. *Obras completas*. Petrópolis: Vozes, 2012. v. 8.

BYRNE, R. *A magia*. Rio de Janeiro: Sextante, 2016.

"Enquanto você não se amar sem condições, a vida dará as condições para que você não se ame."

Ana Carla Marques

Bárbara Couto

Sou Bárbara Couto, mestre em Psicologia Clínica, especialista em relacionamentos, Terapia Cognitivo-Comportamental, Neuropsicologia e Neurociências. Dedico minha vida ao estudo das relações humanas e de como elas impactam a saúde mental. Sou autora dos livros *Permita-se* e *Aceite-se* e criadora da mentoria Permita-se, um espaço acolhedor e transformador para mulheres que buscam se libertar de relações tóxicas.

Além da profissional, sou alguém que compreende na pele o impacto dos relacionamentos em quem somos e como nos sentimos. Vivi o melhor e o pior das conexões humanas e sei que a qualidade dos nossos vínculos pode nos fortalecer ou nos adoecer. Minha missão é ajudar pessoas a construírem relações baseadas no respeito, na paz e no amor, promovendo uma vida emocionalmente saudável e feliz.

psicologabarbaracouto

Psicóloga Bárbara Couto

psicologabarbaracouto@gmail.com

UM OLHAR PARA A SAÚDE MENTAL
Caminhos para uma vida equilibrada

RELAÇÕES QUE CURAM X RELAÇÕES QUE ADOECEM

3

Por Bárbara Couto

Quem nunca sonhou em construir a própria família? Quem nunca se pegou imaginando um futuro ao lado de alguém especial, sonhando com um amor que traria segurança, cumplicidade e felicidade? Desde cedo, somos ensinados a buscar esse tipo de conexão, a acreditar que encontrar "a pessoa certa" transformará nossa vida, como se o amor fosse a peça que falta para nos completarmos. Crescemos ouvindo que estar só é sinônimo de vazio, que a felicidade depende de um relacionamento e que, se ainda não encontramos alguém, algo pode estar errado conosco. Também aprendemos que amar exige sacrifícios, que o amor tudo suporta e que relações intensas justificam qualquer dor.

Nos filmes, nas novelas, nos livros e nas redes sociais, somos bombardeados por narrativas romantizadas que reforçam essa ideia. Casais que superam obstáculos irreais, amores que resistem a todo tipo de sofrimento e relações turbulentas que são tratadas como provas de paixão verdadeira.

Mas será que na vida real o amor funciona assim? O quanto a idealização reflete, de fato, a realidade? E o que acontece quando um relacionamento, em vez de trazer felicidade, se torna a maior fonte de dor? Quando aquilo que deveria ser um lar seguro se transforma em um ambiente de tensão, medo, solidão, angústia e sofrimento?

A verdade é que os relacionamentos definem nossa saúde mental. Não são simples interações sociais; são forças que podem nos fortalecer ou nos destruir. Um estudo de Harvard, conduzido ao longo de 75 anos, mostrou que a qualidade dos vínculos que construímos é o fator mais determinante para uma vida longa e saudável (Solan, 2017). É isso mesmo que você leu. O modo que amamos e somos amados pode determinar o quão saudáveis e o quanto vamos viver. Pessoas que vivem relações seguras e amorosas lidam melhor com desafios, sentem-se mais satisfeitas e têm um envelhecimento mais saudável. Portanto, o contrário também é verdadeiro. Viver relações tóxicas pode fazer com que a gente morra lentamente em uma vida repleta de dor e desafios inimagináveis.

Nos últimos anos, a Neurociência tem aprofundado a compreensão sobre como os relacionamentos afetam a saúde mental por meio da liberação de diferentes hormônios e neurotransmissores. Em relações saudáveis, o cérebro libera ocitocina, conhecida como o "hormônio do vínculo" ou "hormônio do amor". Essa substância está associada à sensação de segurança, conexão e bem-estar. Estudos demonstram que a ocitocina reduz os níveis de estresse, fortalece os laços afetivos e contribui para a regulação emocional, sendo fundamental na construção de relações seguras e estáveis (Waldinger; Schulz, 2023). Ela também potencializa a liberação de serotonina e dopamina, neurotransmissores ligados ao prazer e à felicidade, promovendo estados emocionais positivos e reduzindo o risco de transtornos como ansiedade e depressão. Na Psicologia, essa resposta neuroquímica explica por que pessoas que mantêm vínculos saudáveis tendem a apresentar maior resiliência emocional e uma visão mais otimista da vida.

E é por isso que a frase "O amor pode curar" é verdadeira e linda. Quando nos sentimos amados, nosso cérebro responde com a liberação dessas substâncias que reduzem o estresse, promovem bem-estar e nos ajudam a encarar a vida com mais leveza. Saber que temos alguém com quem contar nos dá calma e força para passar pelas fases difíceis da vida. Precisamos entender o quanto o carinho, a escuta e o apoio emocional têm impacto real em nossa saúde, ajudando até na recuperação de doenças físicas. Não é à toa que pacientes cercados de afeto costumam se recuperar rapidamente e aderir melhor aos tratamentos médicos, e receber carinho e amor faz parte do protocolo de tratamento para doenças emocionalmente desgastantes.

Por outro lado, relacionamentos tóxicos e abusivos estimulam a liberação excessiva de cortisol e adrenalina, hormônios ligados à resposta ao estresse. O cortisol, quando produzido de forma crônica, pode desregular diversas funções cognitivas e emocionais, afetando a memória, a concentração e até mesmo a capacidade de tomar decisões. Além disso, níveis elevados de cortisol estão associados ao aumento da ansiedade, da depressão e da insônia. A adrenalina, por sua vez, prepara o corpo para lidar com ameaças, gerando aumento da frequência cardíaca e da pressão arterial.

Em um relacionamento abusivo, essa ativação constante do sistema de luta ou fuga faz com que a pessoa viva em estado de alerta permanente, prejudicando sua saúde física e mental. A Psicologia e a Neurociência explicam que esse estado de hiperativação pode levar à exaustão emocional, ao desenvolvimento de transtornos como o estresse pós-traumático, e na maioria dos casos, apresentar dificuldade de reconhecer padrões saudáveis em novos relacionamentos, entrando sempre em relações ruins, o famoso "dedo podre".

Por isso o título deste capítulo: relacionamentos podem nos curar e também podem nos adoecer. Relacionamentos tóxicos e abusivos não deixam marcas apenas no cérebro; eles transformam a maneira como o resto do corpo reage ao mundo. O estresse prolongado ativa constantemente o sistema nervoso, fazendo com que a vítima viva em estado de alerta permanente. O sono se desregula, o apetite oscila, dores aparecem sem motivo aparente. E, sem perceber, aquela relação que prometia amor torna-se uma prisão silenciosa.

O mais cruel é que, muitas vezes, quem está dentro desse tipo de relação não percebe o estrago que está sendo feito. A manipulação emocional, a alternância entre carinho e frieza, as pequenas violências disfarçadas de preocupação — tudo isso confunde. A pessoa se acostuma ao sofrimento, aprende a "pisar em ovos", a medir palavras e gestos para evitar conflitos. Mas a verdade é que ninguém deveria viver assim.

Frases como "todo relacionamento tem problemas" ou "ninguém é perfeito" ou "homens são todos iguais" são frequentemente usadas para justificar esse tipo de convivência. E muitas pessoas permanecem presas a vínculos que as destroem porque têm medo do desconhecido, porque acreditam que não encontrarão algo melhor ou porque foram ensinadas a suportar o que deveria ser insuportável. Mas há uma diferença entre enfrentar desafios normais em um relacionamento e se submeter a uma relação que corrói sua paz.

A diferença entre relações saudáveis e abusivas está na forma como nos sentimos dentro delas. Relações saudáveis são baseadas no respeito, na reciprocidade, no apoio, no companheirismo e na liberdade. Nelas, há espaço para diálogo e crescimento, ambas as partes se sentem valorizadas e aceitas como são. Já as relações tóxicas ou abusivas são marcadas pelo controle, pela manipulação e pela desvalorização. Em vez de apoio e acolhimento, geram medo, ansiedade e mal-estar. Enquanto uma relação saudável fortalece a autoestima e traz paz, uma relação abusiva acaba com a autoconfiança, leva ao isolamento e a sensação de estar enlouquecendo.

O amor nunca, em nenhuma hipótese, deveria ser uma batalha constante para ser aceito. Não deveria ser um jogo de manipulação, em que um dia você se sente valorizado e, no seguinte, se pergunta o que fez de errado, "pisando em ovos" com medo da reação da outra pessoa. O amor verdadeiro não diminui, não sufoca, não apaga. Ele acolhe, respeita e constrói.

Se estar com alguém gera mais ansiedade do que paz, se a presença dessa pessoa faz seu corpo enrijecer, se você tem medo de se expressar porque não sabe qual será a reação, pare e observe. Você não foi feito para viver em um campo minado emocional. Relacionamentos saudáveis trazem leveza mesmo diante dos desafios. Eles não são perfeitos, mas são lugares de segurança, e não de medo.

E eu sei que sair de uma relação adoecedora não é simples. O medo do que vem depois pode ser paralisante. O tempo investido, a dependência emocional, a esperança de que um dia as coisas possam mudar — tudo isso torna a decisão ainda mais difícil. Mas há algo que você precisa saber: a dor de ir embora pode ser grande, mas a de ficar pode ser devastadora. Romper relações assim exige coragem, mas a vida que existe do outro lado da dor vale cada passo dado.

Se uma relação está afastando você de quem você é, fazendo-o duvidar do seu valor e roubando sua paz, talvez seja a hora de reavaliá-la. Ninguém merece viver uma relação que suga suas energias e destrói sua autoestima. O amor deve ser um refúgio, não um campo de batalha.

E quando eu falo de relações, refiro-me a qualquer vínculo: amizade, relação familiar ou profissional. Por isso, não devemos nos sentir culpados por nos afastarmos de relações que nos fazem mal, mesmo que sejam amizades de longa data ou laços familiares. Priorizar a própria saúde mental não é egoísmo — é uma necessidade. Nenhuma conexão deve ser mantida às custas da nossa saúde. Criar limites, escolher quem permitimos em nossa vida e entender que laços sanguíneos ou financeiros não obrigam ninguém a suportar desrespeito são passos essenciais para uma vida melhor.

Então, não se esqueça: os relacionamentos que escolhemos manter definem o rumo da nossa história. Alguns nos ensinam sobre amor e confiança, outros nos mostram até onde não devemos ir. Porém, mais importante do que qualquer lição, é a decisão que tomamos sobre quem permitimos que permaneça. Porque não é a quantidade de pessoas ao nosso redor que importa, e sim a qualidade das relações que cultivamos.

E se você tem a sorte de estar em relações saudáveis, valorize-as. Pequenos gestos de carinho e presença fortalecem os laços e fazem a vida valer mais a pena. O amor, quando bem vivido, tem o poder de nos transformar para melhor e curar nossas dores. Somos seres sociais e nossas conexões definem grande parte da nossa felicidade.

Que você escolha vínculos que nutram sua alma, que façam seu coração se sentir em casa. Porque o amor que vale a pena não machuca, não suga, não destrói. O amor que vale a pena constrói, abraça e nos lembra, todos os dias, que somos dignos de respeito e felicidade. Eu sei, sair de qualquer relacionamento dói, mas daqueles que adoecem, a liberdade vale cada passo.

BIBLIOGRAFIA

SOLAN, M. The secret to happiness? Here's some advice from the longest-running study on happiness. *Harvard Health Blog*, 5 out. 2017. Disponível em: https://www.health.harvard.edu/blog/the-secret-to-happiness-heres-some-advice-from-the-longest-running-study-on-happiness-2017100512543. Acesso em: 22 abr. 2025.

WALDINGER, R.; SCHULZ, M. *The Good Life*: Lessons from the World's Longest Scientific Study of Happiness. New York: Simon & Schuster, 2023.

“O amor acolhe e cura,
mas o que não é amor
machuca e adoece.
Permita-se estar onde
há paz e reciprocidade,
porque, se é amor,
não destrói.”

Bárbara Couto

Danieli Santos

Sou terapeuta transpessoal consciencial, apaixonada pelo conhecimento da mente humana e espiritualidade livre. Possuo vasta formação na área terapêutica, desde Neurociência até Terapias Energéticas. Tenho Jesus como fonte de inspiração terapêutica que engloba corpo, mente e espírito. Sou autora do livro *A luz em minha* vida (2022), em que compartilho reflexões para a prática da autoterapia com base nos ensinamentos de Jesus, incentivando o leitor a despertar para seu verdadeiro potencial e a trilhar um caminho de liberdade e autenticidade, deixando a sua própria luz interior brilhar.

danieliterapeuta

danielisantosterapeuta@gmail.com

@DANIELITERAPEUTA

ALÉM DA DOR: UM CAMINHO PARA A VERDADE INTERIOR

4

Por Danieli Santos

E conhecereis a verdade, e a verdade vos libertará. (Jo 8:32)

Não sei quanto a você, querido leitor, mas as palavras de Jesus despertaram em mim a necessidade de buscar a verdade. Primeiro, porque fomos condicionados a confundir esse conceito com crenças e pontos de vista. E também pela promessa de liberdade, a qual perdura até hoje. Compartilho com entusiasmo, pois anseio que sirva de inspiração para que você encontre suas próprias respostas e possa se conectar com o que há de mais verdadeiro dentro de si.

Durante grande parte da minha vida, estive doente. Quando a dor bateu à porta da minha alma pela última vez, deparei-me apenas com duas escolhas: desistir ou continuar a sofrer.

Desde pequena, enfermidades me afetaram, trazendo estagnação à minha existência. Fui uma criança atípica, vivendo como uma gangorra que oscilava entre saúde e doença. Com uma coleção de diagnósticos, cada novo dia era um desafio para me levantar da cama, e todas as tentativas de ficar bem terminavam em fracasso e frustração. Eu tinha muitas dores, mas a pior delas era aquela que carregava naalma. Meu corpo era reflexo das minhas emoções. Por muitos anos, estive presa em um ciclo que parecia nunca ter fim, levando-me a querer desistir de viver, abandonando literalmente a vida até acessar um estado depressivo e deplorável, e cair no abismo do vazio existencial, procurando a forma menos trágica de partir, sem deixar marcas em ninguém.

Foi nesse momento que a primeira grande revelação aconteceu. Descobri o real motivo para a dor em nossas vidas: trata-se de um mecanismo divino que se revela de forma amorosa para nos direcionar. A dor é semelhante às margens de um rio, que guiam as águas a voltarem para o seu centro e seguirem o fluxo natural. Sem essas margens, ficaríamos dispersos, à mercê do destino e das próprias escolhas egocêntricas e vaidosas. Assimilar isso tudo me fez entender que as doenças que eram, na verdade, escolhas — mesmo que inconscientes — para me trazer de volta ao caminho do amor, pois sem elas, com toda certeza, não estaria onde estou hoje. Cogito dizer até que se não fossem as experiências desafiadoras na minha vida, eu não estaria aqui escrevendo estas palavras.

E, nessa trajetória em busca da verdade, constatei que o último lugar a encontrá-la seria em templos ou dogmas, pelo fato de serem corrompidos por conceitos e interpretações humanas, baseadas em crenças e pontos de vista. Muito menos a encontraria na razão ou na emoção, pois elas nada mais são do que projeções de um mecanismo de crenças e de um ego adoecido. Então, foi nesse momento que descobri o maior segredo de todos: que a verdade habitava em um lugar chamado Consciência — um território pouco explorado onde reside o reino e as leis de Deus, e onde também pode-se descobrir quem você É de verdade. Algo muito maior que um corpo ou personalidade, que vai além do que se vê, e que resiste ao tempo e sobrevive às feridas.

Tal descoberta foi libertadora; pelo menos foi assim que me senti, quando, em busca dessas respostas, cheguei ao encontro de mim mesma, ou melhor, de quem eu acreditava que era — uma pessoa moldada por dores, crenças e traumas, que se identificava completamente com a própria história, vivendo de forma inadequada e totalmente desconectada dos potenciais divinos, os quais são naturais em todos nós. E ali percebi que a cura não começa com a ausência da dor, mas com a presença do amor. E que o amor de verdade é aquele que acolhe com compaixão, como Jesus acolheu os que o mundo excluía. Sentir autoamor não é me ver superior ou me proteger dos outros, mas me aceitar por inteiro — incluindo aspectos que eu mesma rejeitava. Eu precisava aprender a olhar para minhas feridas sem querer negá-las, sem sentir vergonha, com os mesmos olhos com que Ele me vê — olhos que reconhecem apenas o que há de divino por trás de cada escolha.

Isso tudo me levou a compreender que uma vida saudável de corpo, mente e espírito é o que há de mais natural em nós, mas que para vivê-la é preciso acessar a verdade universal por meio da consciência divina que habita em meu verdadeiro Ser.

E descobri, ainda, que ninguém além de mim é responsável por me curar e dar sentido à minha vida, e que o meu potencial divino é capaz e suficiente para gerar tal transformação.

Mas, para iniciar esse processo, precisei primeiro "descrucificar Jesus" da minha mente, retirando a crença de que o Seu sofrimento foi fundamental e o único caminho para nossa salvação. Também precisei abrir mão da ideia de que um milagre ou uma bênção viria apenas por intermédio externo, regulado pelo merecimento, ou não, de receber. E hoje trago esse conceito, não para desonrar Jesus — ao contrário —, mas para destacar a responsabilidade de despertar meu próprio Cristo interno, como Ele mesmo pediu que fizéssemos: "Vós sois deuses" (Sl 82:6), e "aquele que crê em mim também fará as obras que eu faço, e as fará maiores do que estas" (Jo 14:12).

A ideia de salvação por intermédio externo me manteria no vitimismo, acreditando que eu não poderia fazer nada por mim mesma, alimentando meu ciclo de autopunição e inferioridade. E Jesus me fez perceber que isso não estava, nem de longe, conectado com a verdade.

"Brilhe a vossa luz" (Mt 5:16) é uma das passagens que mais tocam meu coração. É com uma reflexão sobre ela que finalizo o meu livro *A luz em minha vida* (2022), que fala sobre a prática da autoterapia com bases nos ensinamentos de Jesus. A partir dela, compreendi o potencial divino que existe dentro de cada um de nós — começando por mim, que por anos acreditei ser limitada à escuridão existencial. Essa fala expressa um autoencontro que não se baseia no que fomos ensinados a ser, mas no que somos antes, depois e além da vida biológica, o que, essencialmente, se revela ao lapidar um diamante.

Uma das lições mais impactantes que aprendi com Jesus é que Ele não nos vê como estamos, mas sim como somos. Ele nunca julgou uma pessoa por suas ações, pois sabe que atitudes não definem ninguém. Nossa pequenez nos leva a julgar a nós mesmos e aos outros por suas ações, utilizando rótulos que não refletem a verdade suprema. Foi essa chave de consciência — de que Jesus não nos julga, mas nos compreende —, que me ajudou a exercitar o autoperdão e o autoacolhimento — sentimentos que me faltavam e que, de forma punitiva, geravam enfermidades no meu corpo. Dar a mim mesma permissão para ser humana, deixando de lado as raízes do perfeccionismo e da ideia equivocada de que não podemos errar, e, sim, me reconhecer como aprendiz da vida, alguém com potencial latente, esperando para ser despertado.

Nessa altura da minha experiência, ficou claro que a minha saúde física era reflexo de sentimentos e emoções, e que a maioria deles fazia parte do submundo emocional: o subconsciente. Dei a ele esse nome porque descobri que é lá onde todas as nossas mazelas existenciais ficam arquivadas, moldando nossa vida e nos fazendo acreditar que estamos destinados a isso.

E, como fomos educados para fingir bem-estar, reprimir emoções, engolir o choro e não dar opinião, esse submundo foi se enchendo, enquanto entrávamos em um movimento frenético da vida, seguindo no piloto automático, engolindo sem digerir tudo o que era lançado para dentro de nós. Transformando pensamentos em sentimentos, sentimentos em emoções e emoções em doenças, pois o corpo já não aguentava mais o peso de ser quem acreditava ser.

Quando conheci a história de Verônica, citada no Evangelho de Marcos 5:25-34, identifiquei-me profundamente com aquela mulher que viveu 12 anos com uma hemorragia ininterrupta, em que todas as tentativas de cura foram fracassadas. Após tanto sofrimento, limitada pelos sintomas, ela ouviu falar de Jesus e, no fundo do seu coração, sentiu que algo poderia mudar. Com esperança renovada, ao tocar suas vestes, a enfermidade a deixou e, regenerando-se organicamente, ela sentiu o sangramento cessar instantaneamente. Ler essa história foi como olhar no espelho e reconhecer a exaustão que me acompanhava. Sem avanços na medicina convencional, minhas aflições continuavam e roubavam toda minha dignidade, fazendo-me pensar em desistir de viver. Quando Jesus disse a Verônica que sua fé a havia curado, percebi um magnífico exemplo da capacidade que temos como filhos de Deus e, a partir do movimento da fé, não só em Deus como em si mesmo.

Jesus, apesar de seu poder, não buscava reconhecimento pela cura de Verônica ou de outros. Ele dizia: "A tua fé te curou, vai-te em paz" (Mc 5:34), permitindo que cada um reconhecesse sua capacidade de autocura e a responsabilidade por si mesmo. Essa experiência foi, para mim, o ápice da percepção do poder do amor — um amor do qual todos somos derivados, que abrange a natureza em todos os seus aspectos: físico, mental e espiritual. Vejo Jesus como o maior terapeuta de todos os tempos, cujos ensinamentos podem guiar nossa transformação íntima.

Despertar para quem somos verdadeiramente exige consciência e abertura para novas perspectivas, longe de dogmas e julgamentos. Isso nos ajuda a entender que tudo o que acontece converge para nosso crescimento espiritual, até mesmo o que consideramos negativo pode estar em prol dessa transformação. Por isso, neste momento, convido você a refletir sobre sua relação com Jesus e com a essência do autoconhecimento, abrindo-se para novas possibilidades de uma busca interior. Há uma verdade que vai além do que se vê no espelho e dos papéis que a personalidade representa. O caminho para a saúde integral é como voltar para a casa do Pai. É uma jornada pessoal e única, mas que pode ser acompanhada por Aquele que mostrou que o fardo da vida pode ser suave e leve.

A saúde não é um objetivo a ser alcançado, mas um caminho a ser trilhado com consciência e amor.

BIBLIOGRAFIA

BÍBLIA SAGRADA. Nova Versão Internacional (NVI). Disponível em: https://www.bibliaonline.com.br/nvi. Acesso em: 24 abr. 2025.

SANTOS, D. *A luz em minha vida*. São Paulo: Literare Books International, 2022.

"Desperte para quem você é de verdade e deixe a sua luz interior brilhar."

Danieli Santos

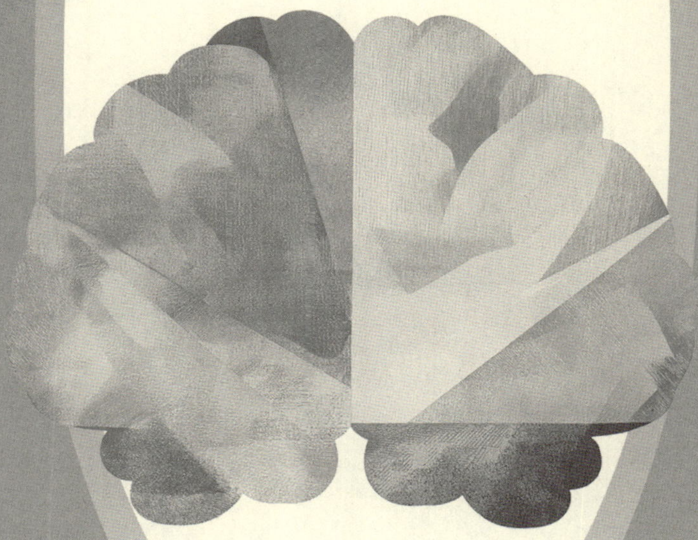

Dayanne Oliveira

Sou psicóloga clínica, com abordagem psicanalítica winnicottiana, e socióloga pela Pontifícia Universidade Católica de São Paulo (PUC-SP), especializada em dependência tecnológica na infância e adolescência. Acredito que a psicoterapia é um espaço de acolhimento e transformação, respeitando o tempo e a singularidade de cada pessoa. Atuo com orientação parental, infância, adolescência e saúde mental feminina. Casada há 18 anos, mãe de duas filhas, também auxilio no pastoreio ao lado do meu esposo há dez anos, unindo apoio social, espiritual e psicológico. Sou autora do livro *Conectados e protegidos: um guia de orientação para pais*, que oferece reflexões sobre o impacto da tecnologia na vida das crianças e como os pais podem protegê-las nesse contexto. Meu propósito é acolher, orientar e transformar vidas por meio da psicologia e da fé.

psidayanneoliveira

UM OLHAR PARA A SAÚDE MENTAL
Caminhos para uma vida equilibrada

PSICOTERAPIA: UM LUGAR DE CURA

5

Por Dayanne Oliveira

A saúde mental tem ganhado cada vez mais espaço nas conversas do dia a dia. Se antes era um tema rodeado de tabus, hoje já compreendemos que cuidar da mente é tão essencial quanto cuidar do corpo. Nesse contexto, a psicoterapia se destaca como um espaço seguro para que dores, angústias e desafios possam ser acolhidos e elaborados. Mas afinal, o que faz da psicoterapia um lugar de cura?

Trabalho há anos como psicóloga clínica, acompanhando histórias, conflitos e transformações. Minha abordagem é a Psicanálise Winnicottiana, segundo a qual o desenvolvimento emocional é um processo sustentado pelas relações e pelo ambiente. Esse olhar me permite compreender cada pessoa como única, com sua história, suas vivências e suas necessidades. Na prática, isso significa que a terapia não é um conjunto de técnicas aplicadas mecanicamente, mas sim um encontro real, no qual a relação terapêutica se torna o alicerce para a construção de um espaço de confiança, respeito e crescimento.

O espaço terapêutico: um lugar de cuidado e transformação

Winnicott afirmava que o ambiente é essencial para o desenvolvimento emocional, pois para ele "não existe bebê sem mãe", destacando que nos formamos em relações, e nesse caso, nossas primeiras relações são com nossos cuidadores. Desde a infância, precisamos de um ambiente acolhedor para crescermos saudáveis. Quando esse suporte falha, podem surgir marcas emocionais que afetam autoestima e relacionamentos (Winnicott, 1965a).

A terapia é um espaço seguro para lidar com essas falhas ou dores. Muitos chegam cansados e sem esperança, mas, com o tempo, a relação terapêutica fortalece a confiança, permitindo um olhar mais compreensivo sobre si mesmo (Rogers, 1951).

Certa vez, chegou à terapia uma paciente com ansiedade e sensação constante de inadequação. Sua história revelava um ambiente familiar repleto de críticas, em que qualquer erro era amplamente destacado, enquanto suas conquistas passavam despercebidas. Esse contexto fez com que ela desenvolvesse um olhar rígido sobre si mesma, sempre se sentindo insuficiente e temendo a desaprovação dos outros. Segundo Winnicott (1971), quando a criança cresce sem um ambiente acolhedor, aprende a se moldar para agradar os outros e evitar reje ções, mas acaba perdendo a conexão consigo mesma. Na terapia, ao encontrar um espaço seguro, a paciente pôde reconhecer suas próprias necessidades, ressignificar sua história e fortalecer sua identidade.

Outro paciente, marcado por uma infância instável, apresentava grande resistência à terapia. Seus cuidadores eram emocionalmente ausentes, o que fez com que ele crescesse desconfiado, acreditando que não podia contar com ninguém. No início, evitava falar sobre suas emoções e questionava a utilidade da terapia. No entanto, à medida que as sessões avançavam e ele percebia que suas experiências eram ouvidas sem julgamento, começou a se permitir sentir e expressar suas emoções. Esse processo fortaleceu sua capacidade de confiar nos outros e de estabelecer relações mais seguras e autênticas fora do consultório (Winnicott, 1971).

A terapia não oferece soluções rápidas, mas é um processo de reconstrução emocional. Com paciência e acolhimento, permite transformar a dor em aprendizado, ajudando o paciente a viver com mais leveza e segurança.

Psicoterapia: um caminho, não uma solução rápida

Vivemos em um mundo acelerado, onde tudo precisa ser resolvido rapidamente. Mas, quando se trata de saúde mental, não há cura instantânea. A terapia exige tempo, paciência e envolvimento. Como costumo dizer: "a cura não é um evento, é um processo". Algumas dores levam tempo para cicatrizar, e mudar hábitos não acontece de uma hora para outra. Assim como uma planta cresce aos poucos, a transformação emocional ocorre dia após dia. Às vezes avançamos, outras vezes voltamos atrás — e isso faz parte do amadurecimento psíquico (Winnicott, 1965a).

Muitos pacientes chegam à terapia frustrados por não verem mudanças imediatas. Isso acontece porque criamos padrões emocionais ao longo da vida que não mudam apenas com vontade ou esforço racional. Para transformá-los, é preciso vivenciar novas formas de ser em um ambiente seguro (Bowlby, 1989).

Lembro de uma paciente que sempre se envolvia em relacionamentos abusivos. Ela sabia que merecia algo melhor, mas repetia ciclos de dependência emocional. Em algumas sessões, sentia-se forte; em outras, voltava aos mesmos medos. Só com o tempo e o vínculo terapêutico conseguiu se fortalecer e conquistar sua autonomia emocional. Isso reforça a teoria de Bowlby (1989), que explica como os padrões de apego formados na infância tendem a se repetir na vida adulta.

Nesse processo, o conceito de *holding*, de Winnicott (1987), é essencial. Ele representa o suporte emocional oferecido, primeiro pela mãe e, na terapia, pelo psicólogo. Esse acolhimento permite que o paciente explore suas dores de forma segura, facilitando seu amadurecimento. Com esse apoio, ele se torna mais capaz de lidar com as próprias emoções e desenvolver um *self* mais autêntico (Winnicott, 1965b).

A terapia, então, não é apenas um espaço de acolhimento, mas também de crescimento e desafios. Quando entendemos que a mudança emocional tem seu próprio tempo — e não segue o ritmo acelerado do mundo —, percebemos que a psicoterapia não dá respostas prontas, mas abre caminhos para novas formas de existir.

Quem deve fazer terapia?

Muitas pessoas pensam que terapia é só para quem enfrenta crises ou tem um diagnóstico, mas vai muito além disso. A psicoterapia é um espaço de autoconhecimento, que ajuda a entender emoções, melhorar relações e fortalecer a saúde mental.

Crianças, adolescentes, adultos — todos podem se beneficiar de um espaço de escuta e elaboração. No meu consultório, atendo desde pré-adolescentes enfrentando os desafios da transição para a vida adulta até mães que, ao cuidarem dos filhos, percebem o quanto suas próprias dores da infância ainda influenciam suas emoções.

Lembro de um adolescente que chegou com ansiedade, dificuldade de concentração e sentimento de inadequação. Ele sentia muita pressão para corresponder às expectativas da família e da escola, sem saber ao certo quem era ou o que queria. Na terapia, encontrou um espaço seguro para falar sobre suas angústias. Aos poucos, ganhou mais confiança e aprendeu a lidar com as cobranças sem se perder de si mesmo.

Isso é cada vez mais comum: jovens sobrecarregados, sem um espaço para refletir sobre suas emoções. Como destaca Carl Rogers (1983), psicoterapia não se trata apenas de resolver problemas pontuais, mas de proporcionar um ambiente de aceitação incondicional que permite ao indivíduo entrar em contato com seu *self* mais autêntico e promover crescimento pessoal. Da mesma forma, Winnicott (1971) aponta que o amadurecimento emocional ocorre em um espaço transicional seguro, onde o sujeito pode se expressar sem medo de punição ou rejeição.

Portanto, a terapia não é apenas um recurso para momentos de crise, mas um processo valioso para qualquer pessoa que deseje compreender melhor a si mesma, aprimorar suas relações e construir uma vida emocionalmente mais saudável. Afinal, conhecer-se é um dos caminhos mais importantes para viver com mais autenticidade e equilíbrio.

Psicoterapia: encontro com a autenticidade

A psicoterapia vai além de aliviar sintomas; é um espaço para se reconectar consigo mesmo. Segundo Winnicott (1965b), o sofrimento emocional muitas vezes surge da perda do verdadeiro *self*, sufocado por pressões externas. Na clínica, isso se manifesta claramente. Um paciente de 40 anos, após a morte da mãe, sentia-se perdido. Sempre foi o filho cuidador e, sem esse papel, não sabia mais quem era. No casamento, evitava demonstrar sua dor por medo de parecer frágil. "Eu não sei mais quem sou sem minha mãe", disse ele em sessão. Isso ilustra como, muitas vezes, construímos nossa identidade em função dos outros. Winnicott (1971) descreve o falso *self* como essa adaptação excessiva às expectativas externas, que nos afasta da autenticidade.

Com a terapia, aquele paciente percebeu que sua identidade não se resumia ao papel de cuidador. O luto, em vez de um fim, tornou-se uma chance de se reencontrar. A psicoterapia não traz respostas prontas, mas um espaço seguro para se ouvir e se reconhecer. Como disse Winnicott (1971), "é um prazer estar escondido, mas um desastre não ser encontrado". A cura não é ausência de dor, mas a integração das experiências e o reconhecimento da própria essência.

Venha para esse espaço de cura

Psicoterapia é um investimento em você. No espaço psicoterapêutico, seja por sofrimento, desejo de mudança ou autoconhecimento, sua dor pode ser acolhida sua história ouvida e suas possibilidades ampliadas. Como destaca Winnicott (1987), um espaço seguro é essencial para encontrar novos significados na vida. Cada pessoa tem seu tempo e seu caminho. Rogers (1961) ressalta a importância de um ambiente genuíno, empático e sem julgamentos para que a transformação aconteça. Meu papel como psicóloga é lhe acolher nesse processo com respeito e dedicação. Se sentir que é o momento, entre em contato. A psicoterapia é um espaço de cura, construído com confiança, empatia e reflexão, como ensina Yalom (2002). Vamos juntos trilhar esse caminho?

BIBLIOGRAFIA

BOWLBY, J. *Uma base segura*: aplicações clínicas da teoria do apego. Porto Alegre: Artmed, 1989.

FREUD, S. *Introdução à psicanálise*. Rio de Janeiro: Imago, 1996.

ROGERS, C. *Tornar-se pessoa*. São Paulo: Martins Fontes, 1961.

WINNICOTT, D. W. *A família e o desenvolvimento individual*. São Paulo: Martins Fontes, 1965a.

WINNICOTT, D. W. *O ambiente e os processos de maturação*. Porto Alegre: Artmed, 1987.

WINNICOTT, D. W. *O brincar e a realidade*. Rio de Janeiro: Imago, 1971.

WINNICOTT, D. W. *O verdadeiro self e o falso self*: a criação do self autêntico. São Paulo: Martins Fontes, 1965b.

YALOM, I. D. *O corpo e a alma*: psicoterapia existencial. Rio de Janeiro: Record, 2002.

"A cura não é um evento,
é um processo."

Dayanne Oliveira

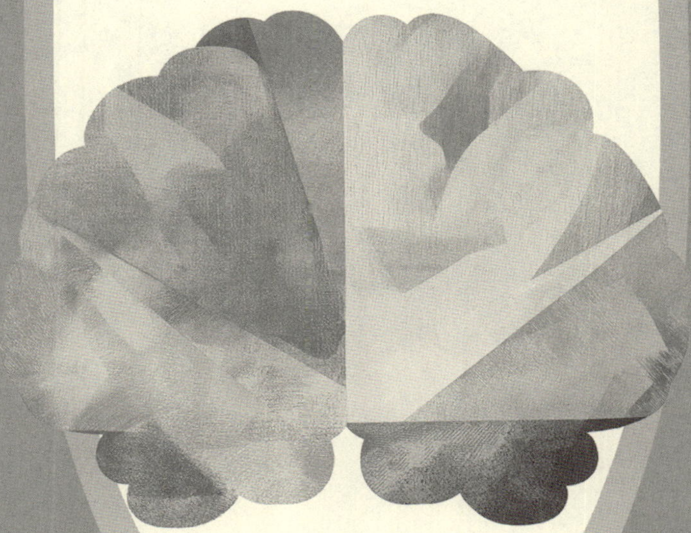

Déborah Fabrício

Olá! O meu nome é Déborah Fabrício, natural de Fortaleza/CE. Sou psicóloga e palestrante, com especialização em Neuropsicologia e Terapia Cognitivo-Comportamental.

Sou também graduada em Ciências Sociais e organizadora de um programa de educação socioemocional. Minha trajetória profissional se iniciou na saúde mental, mas nessa caminhada descobri um novo encantamento: a educação. E nessas duas grandes áreas sigo atuando com o que aquece o meu coração, que é trabalhar com desenvolvimento humano.

O impacto que posso gerar na vida das pessoas é o que me move diariamente nesse propósito tão significativo de contribuir com processos de vida em busca de resgate de bem-estar e fortalecimento do seu potencial saudável.

deborahfabricio

REFLEXÕES SOBRE DISTORÇÃO COGNITIVA E SAÚDE MENTAL

6

Por Déborah Fabrício

Tom é um profissional muito dedicado. Atua em sua área há mais de quinze anos, e recentemente recebeu uma proposta de emprego de uma grande empresa, com salário vantajoso e perspectiva de crescimento. Após muito ponderar, decidiu pedir demissão da firma onde trabalhou por quase dez anos e aceitar esse novo desafio. Aplicado como sempre, buscou dar o seu melhor nas primeiras atividades que lhe foram designadas. Ao final do primeiro mês, recebeu um *feedback* de seu gestor pontuando aspectos positivos quanto à sua atuação, mas também solicitando mais atenção e agilidade em relação a um processo específico muito importante para o seu setor. Apesar de saber que o gestor estava mobilizando toda a equipe para focar nesse projeto, sentiu-se frustrado, e o pensamento que passou por sua cabeça foi: "Ele acha que não vou conseguir dar conta dessa função!". Nos dias que se seguiram, permaneceu mais reservado em relação ao seu grupo de trabalho, pois ainda estava aborrecido com o retorno do chefe.

Liz é uma jovem universitária. Há mais ou menos dois anos, decidiu fazer faculdade em outro estado, mas mantém contato frequente com os irmãos e a mãe, dona Maria. Desde que o pai de Liz faleceu, dona Maria mora sozinha, e tem a companhia diária de uma cuidadora muito querida por todos da família. Os irmãos residem em bairros próximos da casa da mãe, e a visitam constantemente. Todos os domingos, Liz faz uma videochamada com dona Maria após o almoço, e naquele dia não seria diferente. No horário combinado, ela tentou contato com a mãe, mas não conseguiu. Após a sexta tentativa, resolveu ligar para a cuidadora, que estava com o celular descarregado. Já muito preocupada, tentou contato com o irmão mais velho, que também não atendeu. Liz pensou: "Algo muito ruim aconteceu".

As narrativas que você acabou de ler dizem respeito a personagens e situações fictícias. No entanto, elas certamente podem se aproximar, em maior ou menor grau, de vivências, ideias ou emoções que você ou alguém que você conheça tenha experimentado em algum momento. Esse nível de identificação tem um motivo para acontecer, uma vez que tais exemplos têm em comum algo fundamental: eles traduzem elementos importantes do nosso funcionamento como seres humanos.

Diante de cada situação, podemos perceber que os personagens tiveram comportamentos e emoções relacionados a um outro ponto primordial: os seus pensamentos. Esses componentes foram descritos de forma didática ao longo dos exemplos compartilhados, mas a verdade é que, no nosso dia a dia, muitas vezes não nos damos conta desses processos.

A Terapia Cognitivo-Comportamental (TCC) é uma linha psicoterápica respaldada cientificamente, concebida pelo pesquisador e psiquiatra Aaron Beck. Apresenta como um de seus conceitos norteadores o modelo cognitivo, compreendendo que emoções, comportamentos e reações fisiológicas estão relacionados à forma como pensamos e percebemos o que nos acontece (Beck, 2022). Conhecer mais sobre o modelo cognitivo e, em especial, sobre o papel dos pensamentos nesse contexto, pode favorecer um maior entendimento sobre o nosso funcionamento interno, potencializando os processos relacionados à nossa saúde mental.

Podemos entender os nossos pensamentos automáticos como aquelas ideias ou imagens que surgem na nossa cabeça em fluxo, de forma rápida, sem que consigamos, muitas vezes, perceber. Eles correspondem à interpretação que fazemos da realidade, impactando as nossas ações e o nosso estado de humor. Refletem, portanto, a nossa leitura sobre o que se apresenta, e não necessariamente a situação em si.

Aos pensamentos ou interpretações que não condizem com a realidade, chamamos de distorções cognitivas. Essa forma equivocada e disfuncional de perceber o que se apresenta pode se fazer presente em muitos momentos da nossa experiência humana, impactando o nosso bem-estar. Os erros de pensamento estão geralmente associados a um estado de sofrimento e desconforto emocional.

Beck (2022) salienta, ainda, que a distorção cognitiva

> [...] é comum a todos os transtornos psicológicos. Quando as pessoas aprendem a avaliar seu pensamento de forma mais realista e adaptativa, elas experimentam um decréscimo na emoção negativa e no comportamento mal adaptativo.

Para elucidar esses conceitos, vamos retornar ao exemplo de Tom. Diante do *feedback* recebido por seu gestor, seu pensamento foi: "Ele acha que não vou conseguir dar conta dessa função!". Essa interpretação despertou em Tom emoções desconfortáveis e impactou suas ações nos dias posteriores. Nessa perspectiva, a pergunta que precisamos fazer é: será que essa ideia realmente corresponde à realidade?

Analisando as informações compartilhadas na história, temos alguns pontos a considerar: além de ter feito vários elogios ao seu desempenho, o gestor realizou uma solicitação (e não necessariamente uma crítica) referente a um projeto importante para o setor. Ademais, nos dias que antecederam o *feedback*, o gestor estava procurando cada membro da equipe para também pedir uma atenção especial para aquela demanda. Tom não levou em conta, ainda, os anos de experiência que ele acumula em seu ramo de atuação e que lhe conferem conhecimentos e habilidades significativos para realizar suas atividades.

Será que se Tom parasse um pouco para avaliar o seu pensamento, ponderando com base nos dados descritos, sua percepção sobre o que aconteceu seria a mesma? Possivelmente não. Podemos constatar, portanto, que ele estava olhando para a circunstância de forma equivocada.

Diante daquele contexto, Tom apresentou uma distorção cognitiva muito comum, conhecida como leitura mental. Ela acontece quando tomamos como verdade que sabemos o que o outro está pensando, ou que ele sabe o que passa pela nossa cabeça, sem considerar outras possibilidades de interpretação para a situação.

Liz, por sua vez, possivelmente experimentou a catastrofização, um erro de pensamento em que o indivíduo faz uma leitura desastrosa e pessimista do que se apresenta, tomando como verdade que o pior pode acontecer, sem ponderar outras formas de olhar para o cenário.

Além da leitura mental e da catastrofização, o pensamento tudo ou nada, o raciocínio emocional, a rotulação, a generalização, a personalização são alguns outros exemplos de formas equivocadas de pensar sobre as situações.

A TCC contempla a possibilidade de reconfigurar esse olhar disfuncional, amenizando, assim, o desconforto emocional experimentado nesses casos e promovendo uma maior adequação no que se refere também ao comportamento. O primeiro passo seria buscar acessar a interpretação diante da situação. Uma pergunta que pode auxiliar nesse processo é: "O que está passando pela minha cabeça?". Uma vez identificado, precisamos checar a validade desse pensamento automático, avaliando quais evidências comprovam se ele corresponde ou não à realidade.

Beck (2022, grifo da autora), inspirada pelas ideias de Epicteto, um dos filósofos estoicos mais conhecidos, considerou que

> a forma como as pessoas se sentem emocionalmente e a forma como se comportam estão associadas a como elas interpretam e pensam a respeito de uma situação. **A situação em si não determina diretamente como elas se sentem ou o que fazem.**

Retomando o exemplo de Liz, se ela acreditar no seu pensamento como verdade absoluta, poderá experimentar um desconforto emocional intenso. Algumas perguntas poderiam ajudá-la a questionar sua interpretação naquele momento.

- Qual a probabilidade desse pensamento ser verdadeiro?
- Será que existe uma outra forma de perceber o que está acontecendo?
- Se um amigo querido estivesse na mesma situação, o que diria a ele?

Exercitar a habilidade de pensar sobre o próprio pensamento, avaliando a sua validade, não faria com que as emoções de Liz desaparecessem, mas poderia amenizar sua intensidade, ajudando-a a lidar com o contexto de uma forma um pouco mais serena.

Segundo Llenas (2015, p. 18),

> as emoções são estados afetivos, reações subjetivas que 'nos movem' por dentro. Tais reações, que cumprem uma função adaptativa, têm uma origem fisiológica que se manifesta devido a alterações físicas (sensações, alterações endócrinas...) e psicológicas (pensamentos, atitudes, crenças...).

Elas fazem parte, portanto, da nossa condição de humanidade, e, quando vivenciadas de forma saudável, nos ajudam a lidar com as circunstâncias de uma maneira mais funcional.

Ampliar o nosso olhar sobre as situações e reconfigurar possíveis distorções cognitivas têm o potencial de nos auxiliar também no processo de regulação emocional, uma habilidade importante quando falamos de bem-estar. Quanto mais flexível for o nosso pensamento e maior for a nossa capacidade de considerar diferentes perspectivas diante de uma circunstância, mais chances teremos de responder de forma adaptativa e alinhada com a realidade, permitindo-nos lidar com os desafios de maneira mais assertiva.

Riso (2021, p. 13) confirma essa perspectiva, afirmando que "a mente flexível fortalece o eu, atua como um fator de proteção contra as doenças psicológicas, gera bem-estar e melhores relações interpessoais, além de nos aproximar de uma vida mais tranquila e feliz". Cuidar da qualidade dos pensamentos pode favorecer, portanto, os processos relacionados à nossa saúde mental e potencializar o nosso bem-estar.

BIBLIOGRAFIA

BECK, J. S. *Terapia cognitivo-comportamental*: teoria e prática. 3. ed. Porto Alegre: Artmed, 2022. *E-book*.

FREEMAN, A. *As 10 bobagens mais comuns que as pessoas inteligentes cometem e técnicas eficazes para evitá-las*. Rio de Janeiro: Guarda-Chuva, 2020.

GREENBERGER, D. *A mente vencendo o humor*: mude como você se sente, mudando o modo como você pensa. 2. ed. Porto Alegre: Artmed, 2017.

LLENAS, A. *Diário das emoções*. São Paulo: Benvirá, 2015.

RISO, W. *A arte de ser flexível*: de uma mente rígida a uma mente livre e aberta à mudança. Porto Alegre: L&PM, 2021.

"Cuidar da qualidade
dos pensamentos
pode favorecer os
processos relacionados
à nossa saúde mental
e potencializar o nosso
bem-estar."

Déborah Fabrício

Eduardo Bastos

Natural do Rio de Janeiro/RJ, sou pedagogo com pós-graduação em Psicopedagogia Clínica e Institucional. Com mais de 22 anos de experiência na educação pública, sendo os últimos treze anos na gestão escolar, também sou mentor em desenvolvimento humano e *coach*. Ajudo pessoas a equilibrarem suas vidas e acelerarem processos rumo ao sucesso. Criei o Método hidra, que abrange sete áreas essenciais para evolução. Desenvolvo a Mentoria hidra, orientando indivíduos na busca pela sua melhor versão. Sou autor de cinco *e-books*: *O despertar da águia*, *Monstros internos*, *Abrindo portas*, *Caminhos para a autovalorização* e *Mente ágil*, os quais abordam temas como autoconhecimento, inteligência emocional e comportamento. Também sou coautor do livro *Enriqueça a mente*, lançado em 2023 pela Editora Chave Mestra.

oprofeduardobastos

+55 (21) 98864-0331

www.professoreduardobastos.com

oprofeduardobastos

oprofeduardobastos

Eduardo Bastos

eduardobastos

CORPO E MENTE:
ENCONTRE O EQUILÍBRIO IDEAL

7

Por Eduardo Bastos

Afinal, o que significa encontrar o equilíbrio? Muitas vezes, essa palavra nos remete à ideia de uma balança perfeitamente alinhada, sem oscilações. Mas, na vida real, o equilíbrio está mais próximo de um estado dinâmico do que de uma condição fixa. Ele é fluido e se ajusta conforme as circunstâncias da nossa rotina, desafiando-nos a buscar a harmonia, não a perfeição. Quando falamos de equilíbrio entre corpo e mente, estamos nos referindo à conexão profunda entre o cuidado físico e a saúde emocional, evitando excessos e negligências em qualquer um desses aspectos.

Vivemos em um mundo acelerado, onde as demandas externas parecem não ter fim. Pressão no trabalho, compromissos sociais, cobranças pessoais e informações constantes podem sobrecarregar tanto nossa mente quanto nosso corpo. O resultado? Fadiga mental, exaustão física e um desequilíbrio que afeta todas as áreas da vida. É fácil cair na armadilha de priorizar um aspecto e negligenciar o outro, seja mergulhando em rotinas exaustivas de exercícios sem considerar a saúde mental, ou investindo apenas no bem-estar emocional e deixando o corpo de lado.

Uma forma de avaliar como está essa relação na sua vida é utilizando a ferramenta da roda da vida. Esse método permite uma visão clara das áreas que estão equilibradas e daquelas que precisam de mais atenção. Ao fazer essa reflexão, você pode perceber se está dedicando tempo suficiente ao autocuidado físico e mental ou se precisa ajustar sua rotina para incluir hábitos mais saudáveis em ambos os aspectos.

Outra maneira eficaz de analisar esse equilíbrio é por meio da autoavaliação guiada. Pergunte-se: "Tenho energia ao longo do dia ou me sinto constantemente cansado(a)?", "Minha alimentação e minha rotina de exercícios são compatíveis com minhas necessidades físicas?", "Tenho momentos de lazer e descanso suficientes para recuperar minha mente e meu corpo?", "Sinto que minhas emoções estão equilibradas ou estou frequentemente estressado(a) e ansioso(a)?". Essas respostas podem indicar quais áreas precisam de mais atenção e quais hábitos podem ser ajustados.

O poder de escolha está em suas mãos. Pequenas mudanças diárias podem gerar grandes transformações a longo prazo. Criar uma rotina que envolva tanto práticas de bem-estar físico, como alimentação equilibrada e atividade física, quanto momentos de autocuidado mental, como lazer e reflexão, é essencial para atingir um estado de equilíbrio verdadeiro.

Mas, para que essas mudanças se tornem sustentáveis, é necessário investir em disciplina. Ela é o alicerce que permite que você construa uma rotina sólida e consistente. Para isso, é fundamental aplicar a estruturação de uma boa rotina com ações claras e focadas. Não basta querer equilíbrio, é preciso criar os hábitos que o sustentem. E a disciplina é a chave para transformar intenções em resultados reais.

Aqui entra a importância de definir e planejar objetivos de curto, médio e longo prazos. Utilizar a Metodologia Específico, Mensurável, Atingível, Relevante e Temporal (SMART) para traçar esses objetivos é uma estratégia poderosa para organizar suas ações. Ao aplicar a SMART, você consegue não apenas visualizar seu caminho de forma clara, mas também aumentar suas chances de sucesso, já que as metas são desenhadas para serem realistas e desafiadoras ao mesmo tempo.

Planejar a rotina semanal é uma estratégia fundamental para manter essa harmonia. Separar momentos específicos para o cuidado do corpo e da mente evita que compromissos urgentes tomem conta do seu tempo e impede que você negligencie aspectos importantes do seu bem-estar. Organizar horários para exercícios, descanso, lazer e trabalho ajuda a criar um ritmo mais equilibrado e sustentável.

A Neurociência nos mostra que a busca pelo equilíbrio impacta diretamente nosso funcionamento cerebral. A prática de exercícios estimula a produção de neurotransmissores, como serotonina e dopamina, que regulam nosso humor e reduzem o estresse. Da mesma forma, cuidar da mente, por meio de momentos de descanso e atividades, prazerosas auxilia na redução da ansiedade e na melhora da clareza mental.

O descanso é essencial para o equilíbrio, pois o sono adequado auxilia na regeneração muscular, consolidação da memória e fortalecimento do sistema imunológico. Sem ele, corpo e mente entram em colapso, afetando a produtividade e o bem-estar. Hoje, tecnologias ajudam a monitorar a qualidade do sono e os níveis de estresse, permitindo ajustes na rotina para um descanso mais eficiente. O cuidado com o corpo vai além do exercício e da alimentação. Ele inclui a hidratação adequada, a respiração consciente, a exposição ao sol para regulação dos ritmos circadianos e o contato com a natureza para reduzir os níveis de estresse. Pequenos hábitos diários, como alongamentos e pausas ativas, também fazem diferença na manutenção do equilíbrio.

Além disso, a flexibilidade é essencial. O equilíbrio não deve ser visto como um destino fixo, mas como um processo de adaptação constante. As exigências da vida mudam, e precisamos ajustar nossa rotina sem culpa. Algumas fases exigem mais foco na saúde física, outras demandam mais atenção ao emocional. O importante é reconhecer esses momentos e agir de forma consciente.

Cada pessoa é única, por isso, o que funciona para uma pode não ser o ideal para outra. Somos diferentes, e cada um possui uma combinação única de fatores que influenciam seu equilíbrio, como o perfil comportamental, o meio ambiente em que vive, o biotipo, o meio social, a cultura, as predisposições genéticas, a formação da personalidade e as marcas ou traumas ao longo da vida. O equilíbrio deve respeitar essas individualidades. Assim como em uma receita de bolo, em que os ingredientes não são adicionados em quantidades iguais, mas em medidas específicas para formar um todo harmonioso, o equilíbrio entre corpo e mente também requer ajustes personalizados. O segredo está em encontrar a proporção certa para você.

A expressão "mente sã, corpo são" continua atual, pois ressalta a interdependência entre saúde física e mental. Um corpo saudável favorece a clareza mental, enquanto uma mente equilibrada sustenta hábitos saudáveis. Esse conceito, originado na Roma Antiga pelo poeta Juvenal (2008) em sua obra *Sátiras* — na expressão em latim "*mens sana in corpore sano*" —, reforça a importância de integrar cuidados físicos e emocionais para alcançar um verdadeiro equilíbrio.

Jean Piaget (1976), um dos maiores psicólogos do desenvolvimento, nos ensina que o aprendizado acontece em momentos de desequilíbrio, quando somos desafiados a lidar com novas informações ou situações. Ele acreditava que a mente se desenvolve por meio de um processo de assimilação e acomodação, no qual o sujeito busca adaptar suas crenças e percepções ao mundo. Esse desequilíbrio, longe de ser um problema, é uma parte natural do processo de crescimento e aprendizado. Ele nos impulsiona a encontrar soluções criativas e adaptativas, o que se aplica perfeitamente à nossa busca por equilíbrio entre corpo e mente. Assim como Piaget observou que o desequilíbrio é essencial para o desenvolvimento cognitivo, ele também pode ser visto como uma parte necessária de nossa jornada em busca do equilíbrio em todas as áreas da vida.

O impacto do desequilíbrio é profundo e pode se manifestar de diversas formas. A negligência com a saúde mental pode resultar em esgotamento, ansiedade e baixa produtividade. Por outro lado, a falta de cuidado com o corpo pode levar à fadiga crônica, dores e doenças. Ignorar qualquer um dos aspectos significa comprometer o bem-estar geral e a qualidade de vida.

Mas o verdadeiro segredo está em como reagimos ao desequilíbrio. Em vez de vê-lo como um obstáculo, podemos enxergá-lo como uma oportunidade para reajustar as velas da nossa vida. Se você passar por momentos de desequilíbrio, saiba que está no caminho certo. Esse é o processo natural de aprendizado e adaptação que Piaget nos ensina. Não há crescimento sem desconforto, e a única maneira de se manter equilibrado é reconhecer que, por mais que nos esforcemos, o equilíbrio será sempre um movimento, não um ponto fixo.

Incorporar pequenos hábitos diários pode fazer toda a diferença a longo prazo. Estabelecer uma rotina de sono de qualidade, manter uma alimentação equilibrada, praticar atividades que proporcionem prazer e reservar momentos para o descanso são medidas simples, mas extremamente eficazes. O segredo está na consistência dessas práticas. Cada ação, por menor que seja, coloca você um passo mais perto de um equilíbrio real e sustentável.

Agora, a pergunta é: o que você fará com o equilíbrio que está ao seu alcance? Você vai deixar que a vida leve você, ou escolherá ser o mestre do seu próprio caminho? O desequilíbrio é inevitável, mas a verdadeira força está em como você o enfrenta e usa como combustível para crescer. O equilíbrio não é um estado a ser alcançado, mas uma arte a ser praticada. Quando você domina essa arte, a vida começa a se transformar, revelando um potencial que estava escondido atrás dos desafios.

Você está pronto para desafiar seus limites, integrar corpo e mente e fazer da sua vida uma jornada mais equilibrada e autêntica? Não espere a perfeição. Busque a harmonia, o aprendizado constante e a verdadeira conexão com seu próprio ser. O equilíbrio é uma prática diária, e é no investimento em disciplina e organização que você constrói a estrutura que sustenta esse caminho.

Lembre-se: de nada adianta um corpo forte se a mente está fragilizada. Da mesma forma, uma mente sã não se sustenta em um corpo negligenciado. O equilíbrio é a chave para uma vida plena e saudável, e cabe a você construí-lo dia após dia.

O que você escolhe para o seu próximo passo? O equilíbrio está em suas mãos. A transformação começa agora.

BIBLIOGRAFIA

JUVENAL. *Sátiras*. Tradução de Luciano Maia. São Paulo: Iluminuras, 2008.

PIAGET, J. *A equilibração das estruturas cognitivas*: problema central do desenvolvimento. Tradução de Álvaro Cabral. Rio de Janeiro: Zahar, 1976.

"Mente sã, corpo são, este poder está em suas mãos. Só depende de você."

Eduardo Bastos

Dra. Érica Granjeiro

Sou dra. Érica Granjeiro, natural de Guarulhos/SP, fisioterapeuta, mestre e doutora em Fisiologia Humana pela Faculdade de Medicina de Ribeirão Preto (FMRP/USP). Realizei pós-doutorado em Neurofisiologia na FMRP/USP, onde estudei diferentes doenças neurológicas, incluindo os transtornos de ansiedade. Há doze anos, sou professora titular da Universidade Estadual de Feira de Santana (UEFS) e palestrante internacional. Recentemente, realizei uma especialização em Educação e Tecnologias pela Universidade Federal de São Carlos (UFSCar). Desenvolvo pesquisas na área de inovação no Ensino Superior, saúde coletiva e saúde mental. Para além do ambiente universitário, ministro palestras e mentorias para mulheres, em todo o Brasil, articulando Neurociência e fé cristã, com foco na gestão das emoções.

draericagranjeiro

draericagranjeiro

draericagranjeiro@gmail.com

draericagranjeiro

O PAPEL DA RESPIRAÇÃO PARA O EQUILÍBRIO EMOCIONAL

8

Por Dra. Érica Granjeiro

A saúde mental é um componente essencial do bem-estar humano e está diretamente relacionada a fatores como atividade física, alimentação equilibrada, sono adequado e técnicas de respiração. Evidências científicas indicam que o trabalho respiratório pode reduzir o risco de transtornos mentais, melhorar a qualidade de vida e otimizar funções cognitivas e emocionais (Vieira *et al.*, 2018; Sandeman, 2023). Se você sente que suas emoções o controlam, sofre com o desconforto mental rotineiro e deseja conquistar mais leveza e equilíbrio em sua vida, este capítulo é para você.

De acordo com a Organização Mundial da Saúde (OMS, 2013), enquadram-se na categoria de "transtornos mentais" os indivíduos que apresentam quadros como depressão, transtornos de ansiedade, esquizofrenia, transtorno bipolar, demência, dependência química e deficiência intelectual. Hoje, por conta da prevalência da irritabilidade, insônia, dificuldade de concentração, esquecimento, fadiga, ansiedade e depressão entre os indivíduos, identifica-se um panorama alarmante no que concerne a extensão do sofrimento psíquico.

Byung-Chul Han (2017) introduz a problemática ao elucidar o novo modo de organização social: a "sociedade do cansaço", termo cunhado por ele para descrever a nova era de positividade excessiva, isto é, a artificial necessidade de extrair constantemente o potencial máximo do ser humano. Ser "produtivo", "eficiente" e "bem-sucedido" são quase que obrigações morais do cidadão. Tal fenômeno corrobora o aumento significativo de doenças como depressão, transtornos de personalidade, síndromes de hiperatividade e *burnout*, uma vez que o indivíduo internaliza a consciência de que "pode" e "deve" ser perfeito em suas ações, ou seja, um vício neuronal de frustração constante em relação às próprias expectativas.

Uma sociedade cansada está mais propensa a adoecer e acometer-se de sintomas gerais de sobrecarga mental e desequilíbrio emocional (Chagas, 2022). A sensação de inadequação, o excesso de trabalho, o estresse crônico e as emoções negativas, especialmente aquelas relacionadas ao medo, ativam sistemas de alerta no corpo humano, os quais funcionam constantemente sob forte influência do ambiente externo.

O medo caracteriza-se como uma experiência subjetiva que surge quando algo nos ameaça e provoca em nós comportamentos de luta de fuga, desencadeando reações involuntárias do corpo humano a ameaças percebidas (Lent, 2022). Nesse contexto, especialmente sob condições de estresse emocional, uma série de mudanças fisiológicas são acionadas, incluindo um aumento na atividade respiratória, a qual tende ser mais rápida e superficial. Tais alterações, iniciam-se, tipicamente, com uma repentina e inesperada sensação de terror associada a diversos sintomas autonômicos, especialmente sintomas cardiovasculares e respiratórios (Sardinha *et al.*, 2009).

De fato, emoções negativas como o medo podem impactar quase todos os sistemas do corpo, afetando profundamente a qualidade de vida, acarretando diversos distúrbios na saúde, incluindo alterações do sono, retirada social, dificuldades para pensar e se concentrar, transtornos de ansiedade, doenças cardíacas, entre outros. Destaca-se que os problemas respiratórios podem estar associados à gênese de tais distúrbios, em especial, ao transtorno do pânico (TP) (Papp *et al.*, 1997).

Freire e Nardi (2012), ao descreverem a relação entre doenças mentais e alterações no padrão respiratório, detalham as mudanças neurobiológicas apresentadas no TP. Nesse contexto, os autores citam que existem indícios de que o TP tenha origem em uma rede de medo anormalmente sensível, localizada no núcleo central da amígdala, que é o botão de disparos das emoções. Esse núcleo, por sua vez, envia estímulos para o núcleo parabraquial, aumentando a taxa de respiração (Takeuchi *et al.*, 1982), para o núcleo lateral do hipotálamo, ativando o sistema nervoso simpático; e para o locus coeruleus, promovendo alterações químicas, incluindo aumento na liberação de noradrenalina, culminando no aumento da pressão arterial, frequência cardíaca e na resposta comportamental ao medo (Freire e Nardi, 2012).

Segundo Sandeman (2023), tanto as emoções positivas quanto as negativas levam a reações comportamentais que, quando expressadas, permitem o fluir da respiração. Para esse autor, as emoções positivas são sentidas como uma expansão do corpo, da respiração. Ao contrário, as emoções negativas promovem a diminuição da respiração, a contração do corpo. Assim, quando as emoções estão desequilibradas e/ou quando não foram devidamente expressas, problemas sérios podem ser desencadeados. Dessa forma, não expressar as emoções e/ou os traumas vividos, bem como não gerenciar os pensamentos inoportunos podem ocasionar estresse, alterações no padrão respiratório e, consequentemente, ansiedade, problemas do sono, depressão, entre outros.

É importante ressaltar que os nossos pensamentos e emoções afetam o nosso padrão respiratório. De igual maneira, o modo como respiramos também afeta a forma como pensamos e sentimos, configurando-se, assim, em um circuito de retroalimentação (Sandeman, 2023). Considerando que a nossa mente é bombardeada diariamente com pensamentos inoportunos e dúvidas, em que as inseguranças e os desafios da vida diária podem estabelecer fortalezas na nossa mente, é realmente necessário pensar de forma diferente. Aceitar ou substituir os pensamentos ansiosos por outros positivos é uma proposta pertinente e desafiadora para a liberdade emocional.

Assim, somos encorajados a vigiar os nossos pensamentos, com vistas a uma boa gestão das nossas emoções. Nessa perspectiva, o Apóstolo Paulo, no texto da Bíblia Sagrada de Filipenses 4:8, nos encoraja a selecionar os nossos pensamentos: "Quanto ao mais, irmãos, tudo o que é verdadeiro, tudo o que é honesto, tudo o que é justo, tudo o que é puro, tudo o que é amável, tudo o que é de boa fama, se há alguma virtude, e se há algum louvor, nisso pensai". Dessa forma, sinta-se estimulado a alinhar seus pensamentos, suas emoções e sua respiração.

No que se refere aos benefícios das técnicas de respiração para a saúde mental, recomenda-se praticá-las com atenção plena, observando as sensações físicas. Tal prática pode ser realizada sempre pela manhã e, se possível, ao ar livre ou de frente para uma janela aberta. Busque um ambiente silencioso e calmo. Use roupas leves e soltas, posicione-se com a coluna ereta e os braços naturalmente soltos na lateral do corpo. O rosto e os ombros devem estar relaxados e os maxilares soltos. Você pode ficar sentado ou em pé, de olhos abertos ou fechados, da forma que ficar mais confortável para você. Depois, respire lenta e controladamente, durante no mínimo 60 segundos, observando a entrada e a saída de ar dos seus pulmões. Preste atenção em cada movimento do seu corpo, trazendo a sua mente para o momento presente. Essa é uma técnica respiratória relativamente simples, a qual contribui para o alívio emocional e pode ser realizada diariamente.

No meu perfil do Instagram e canal do YouTube @draericagranjeiro, compartilho uma prática de respiração, a qual foi realizada em grupo e ao ar livre. Além disso, se você tem interesse em saber mais a respeito dessas e outras estratégias que poderão auxiliá-lo a mudar a sua forma de pensar, bem como a gerir melhor suas emoções, assista à minha palestra Neurociência e o poder da oração, que está disponível na íntegra também no meu canal do YouTube.

Em suma, mudar a maneira de pensar, bem como respirar de forma diferente, pode transformar o modo como você se sente. Respirar conscientemente, com atenção plena, é um processo fisiológico poderoso para aumentar a produtividade, melhorar o bem-estar geral e equilíbrio emocional. Portanto, incorpore técnicas de respiração à sua rotina diária, as quais devem estar alinhadas à prática de mentalização e às emoções positivas. Dessa forma, você poderá alcançar um estado de calma, foco e eficiência que beneficiará tanto sua vida profissional quanto pessoal.

BIBLIOGRAFIA

BÍBLIA SAGRADA. Tradução João Ferreira de Almeida. 4. ed. Barueri: Sociedade Bíblica do Brasil, 2009.

CHAGAS, L. Sociedade do cansaço: como enfrentar os sintomas de uma enfermidade psicossocial? *Revista Arco Jornalismo Científico e Cultural*, 2022. Disponível em: https://ufsm.br/r-601-9282. Acesso em: 25 mar. 2025.

ELIAS, M. T. A fisiologia da respiração e o psiquismo humano. *In:* ENCONTRO PARANAENSE, CONGRESSO BRASILEIRO DE PSICOTERAPIAS CORPORAIS, XIV, IX, 2009. *Anais*. Curitiba: Centro Reichianom, 2009. Disponível em: https://www.centroreichiano.com.br/artigos/Anais-2009/ELIAS-Marcos-Elias-A-fisiologia-da-respiracao.pdf. Acesso em: 25 mar. 2025.

FREIRE, R. C.; NARDI, A. E. Transtorno do pânico e sistema respiratório: subtipo clínico e testes de provocação. *Revista Brasileira de Psiquiatria*, São Paulo, v. 34, supl. 1, p. S32-S52, 2012.

HAN, B. C. *Sociedade do cansaço*. Tradução de Enio Paulo Giachini. 2. ed. ampl. Petrópolis: Vozes, 2017.

LENT, R. *Cem bilhões de neurônios?* Conceitos fundamentais de neurociência. 3. ed. São Paulo: Atheneu, 2022.

ORGANIZAÇÃO MUNDIAL DA SAÚDE (OMS). *Comprehensive mental health action plan 2013-2020.* Geneva: OMS, 2013. Disponível em: https://apps.who.int/gb/ebwha/pdf_files/WHA66/A66_R8-en.pdf. Acesso em: 20 mar. 2025.

PAPP, L. A. *et al.* Clomipramine treatment of panic disorder: pros and cons. *Journal of Clinic Psychiatry*, v. 58, n. 10, p. 423-425, 1997.

SANDEMAN, S. *O poder de cura da respiração.* São Paulo: Editora Alaúde, 2023.

SARDINHA, A. *et al.* Manifestações respiratórias do transtorno de pânico: causas, consequências e implicações terapêuticas. *J Bras Pneumol*, v. 35, n. 7, p. 698-708, 2009. Disponível em: https://www.scielo.br/j/jbpneu/a/n9MHhWBxVcc5QK3jpBTgQpP/abstract/?lang=pt. Acesso em: 25 mar. 2025.

TAKEUCHI, Y.; MCLEAN, J. H.; HOPKINS, D. A. Reciprocal connections between the amygdala and parabrachial nuclei: ultrastructural demonstration by degeneration and axonal transport of horseradish peroxidase in the cat. *Brain Research*, v. 239, n. 2, p. 583-588, 1982.

VIEIRA, F. M.; FERNANDES, F. S.; REICHOW, J. R. C.; BERNARDO, M. Q. O trabalho respiratório como ferramenta psicoterapêutica: uma revisão embasada na Psicologia Corporal. *Revista Latino-Americana de Psicologia Corporal*, n. 7, p. 83-107, 2018.

"Respirar, de forma consciente, é uma técnica de atenção plena poderosa para aumentar o bem-estar físico e o equilíbrio emocional."

Dra. Érica Granjeiro

Fabiana Andrade

Sou Fabiana Andrade, natural de Aracaju/SE, e meu interesse pela mente humana me levou à Psicologia, profissão que abracei em 2005, e, mais adiante, à especialização em Violência. Segui ampliando meus horizontes e me tornei mestra em Antropologia, aprofundando meu olhar sobre os fios invisíveis que tecem nossas histórias. Percebi que o autoconhecimento vai além da razão, e isso me levou a integrar terapias holísticas e conexão espiritual ao meu trabalho.

Atuo na Psicologia Clínica e na Terapia Integrativa, aliando conhecimento acadêmico e práticas ancestrais para guiar as pessoas em sua jornada de evolução ativando a sua essência interior, promovendo equilíbrio emocional e espiritual. Além disso, promovo cursos, vivências, palestras e mentorias guiando processos de transformação.

fabianaandrade1610

fabianaterapeutaholistica

+55 (79) 99122-0193

fabianaterapiasholisticas@gmail.com

UM OLHAR PARA A SAÚDE MENTAL
Caminhos para uma vida equilibrada

RESILIÊNCIA EMOCIONAL: A ARTE DE RECOMEÇAR

9

Por Fabiana Andrade

A resiliência emocional não é uma característica inata, mas uma habilidade que pode ser desenvolvida ao longo da vida. Ela é também a capacidade que temos de atravessar as tempestades da nossa existência, emergindo com algo novo de dentro de nós e transformando o que parecia apenas caos em um novo significado.

E como podemos associar a resiliência emocional com a arte de recomeçar? Recomeços podem ser assustadores, independentemente de onde eles possam vir. O que fazer com essa falta? Para onde ir? Como continuar quando tudo mudou? Recomeçar significa seguir adiante com a bagagem que acumulamos, com a experiência que agora nos compõe, consistindo em um ato de aceitação e, ao mesmo tempo, de reinvenção; assim, é fundamental dar espaço para cada emoção sem pressa de "superar". Não é esquecer, mas sim integrar. Com o tempo, pouco a pouco, começamos a reconstruir por meio de pequenos gestos, novas escolhas, uma disposição interna para enxergar oportunidades onde antes só havia ruínas. A cada novo passo, percebemos que a vida nos convida a sermos quem estamos nos tornando.

De acordo com a Neurociência, recomeçar é um processo que envolve a plasticidade cerebral, ou seja, a capacidade do nosso cérebro se reorganizar diante de novas experiências. A neuroplasticidade cerebral permite criar hábitos e reconfigurar padrões de pensamento. Esse processo não acontece imediatamente, mas de forma contínua. A cada vez que escolhemos enxergar uma situação a partir de uma nova perspectiva, fortalecemos novas conexões neurais. Quando passamos por momentos difíceis, nosso sistema nervoso responde ativando mecanismos de estresse e sobrevivência. Por outro lado, a boa notícia é que, assim como aprendemos a sentir medo ou insegurança, também podemos treinar nosso cérebro para cultivar resiliência. Além disso, o córtex pré-frontal — região responsável pelo planejamento, pela tomada de decisão e pela regulação emocional — pode ser fortalecido por meio de práticas como *mindfulness* e autocompaixão.

Essas estratégias ajudam a reduzir a reatividade ao estresse e aumentam a capacidade de lidar com adversidades com mais clareza e equilíbrio emocional. Meditação, exercícios físicos, escrita reflexiva e práticas de gratidão são formas cientificamente comprovadas de reestruturar a mente e construir novas narrativas internas. Nesse sentido, recomeçar não é apenas um ato de vontade, mas um processo que pode ser cultivado ativamente. O cérebro aprende, se adapta e se transforma na medida em que oportunizamos novos começos.

Os pilares da resiliência

Os pilares da resiliência são desenvolvidos ao longo da vida, como alicerces internos que nos sustentam diante das adversidades e nos permitem recomeçar com mais força e autenticidade. Dentre eles, destacamos: a **autoconsciência**, que nos ajuda a reconhecer nossas emoções e limites, permitindo uma resposta mais equilibrada aos desafios. A **regulação emocional**, que nos ensina a lidarmos com o estresse e a frustração sem sermos consumidos por eles. Já o **sentido de propósito** nos impulsiona a seguirmos em frente, transformando dificuldades em aprendizado. A **flexibilidade cognitiva**, por sua vez, nos permite enxergarmos novas possibilidades quando os planos iniciais falham. E, por fim, o **apoio social** nos lembra que não precisamos atravessar as tempestades isoladamente, porque conexões genuínas nos fortalecem e nos dão ânimo para seguirmos adiante. Ao cultivarmos esses pilares, a resiliência deixa de ser apenas uma resposta ao sofrimento e se torna um modo de viver, um compromisso com nosso crescimento e autenticidade.

Nos momentos de crise, quando mudanças bruscas nos atingem sem aviso prévio, a resiliência emocional é um dos principais fundamentos para preservar a nossa saúde mental. Pandemias, perdas inesperadas, instabilidades econômicas e transformações sociais exigem uma capacidade de adaptação rápida e constante. Crises nos desafiam porque retiram de nós a sensação de controle. De repente, o que parecia garantido se dissolve e nos vemos obrigados(as) a refazer planos, ajustar expectativas e lidar com um futuro incerto. É justamente nesse ponto que a resiliência se torna uma bússola interna, ajudando-nos a encontrar estabilidade mesmo no meio do caos.

A primeira atitude a se cultivar nesses momentos é a aceitação de que tudo pode mudar e, por mais desconfortável que isso seja, resistir à mudança só aumenta o sofrimento. Aceitar não significa resignar-se, mas sim compreender a realidade em sua totalidade e, a partir disso, agir de maneira mais eficaz e consciente. Outro fato importante é entender que cuidar da saúde emocional durante tempos difíceis exige um olhar atento para o que consumimos tanto em termos de alimentação quanto informações, conversas e pensamentos. Consumir em excesso informações negativas, por exemplo, pode intensificar a ansiedade e prejudicar nossa habilidade de lidar com os desafios de forma clara e equilibrada.

Outro ponto fundamental é manter conexões com outras pessoas. Mesmo em momentos de isolamento ou incerteza, contar com um círculo de apoio fortalece nossa resiliência. Compartilhar sentimentos, pedir ajuda e oferecer suporte a quem precisa cria uma rede de segurança emocional que nos ampara diante das dificuldades.

Por último, é importante lembrar que as crises, embora desafiadoras, têm o poder de nos impulsionar ao crescimento. Elas nos forçam a deixar a zona de conforto, a descobrir talentos ou habilidades que não sabíamos que tínhamos e a abrir os nossos olhos para possibilidades que antes não eram perceptíveis. As maiores transformações, tanto pessoais quanto profissionais, frequentemente acontecem nos períodos de maior adversidade. Assim, em vez de apenas superarmos uma crise, podemos sair dela renovados, mais resilientes, mais conscientes e profundamente alinhados com aquilo que verdadeiramente faz sentido em nossas vidas.

Cultivando a resiliência no dia a dia

A resiliência não é um dom concedido a poucos, mas uma habilidade que pode ser desenvolvida e fortalecida ao longo da vida. Como foi descrito anteriormente, a vida está em constante movimento, e aprender a lidar com as mudanças inevitáveis nos permite enfrentar os desafios com mais serenidade e menos resistência. Um dos primeiros passos é cultivar a **gratidão**, mesmo em meio às dificuldades. Quando escolhemos reconhecer o que há de mais positivo ao nosso redor, mudamos nossa perspectiva e abrimos espaço para enxergar possibilidades no lugar de obstáculos. Além disso, **exercitar a paciência** é essencial, pois o processo de reconstrução leva tempo. Respeitar o próprio ritmo e reconhecer que cada pequeno avanço é significativo fortalece a nossa jornada.

Uma estratégia muito positiva é criar **rotinas saudáveis**, como manter uma alimentação equilibrada, ter um sono reparador e praticar atividades físicas, ações que influenciam diretamente nosso bem-estar emocional, tornando-nos mais resilientes diante das adversidades. Além dos cuidados com o corpo e a mente, **fortalecer a espiritualidade** — independentemente da crença de cada pessoa — pode ser um pilar essencial para a resiliência. Conectar-se com algo maior, seja por meio de preces, meditação, contemplação da natureza ou práticas diárias de reflexão, traz um senso de propósito e paz interior. Ter momentos para silenciar, respirar profundamente e nutrir a fé nos ajuda a encontrar força mesmo nos momentos mais desafiadores.

Por fim, é essencial lembrar que **buscar apoio** — em profissionais de Psicologia, Psiquiatria e terapias integrativas, familiares, amigos(as), grupos de suporte — não é sinal de fraqueza, mas de inteligência emocional. Compartilhar nossas dificuldades alivia o peso da caminhada e nos permite enxergar novas possibilidades de superação.

Quanto mais buscamos o autoconhecimento e aprendemos a lidar com as nossas emoções, mais aprofundamos nossa capacidade de resiliência. Olhar para dentro é entender nossas limitações, nossos gatilhos emocionais e nossas reações diante das adversidades. Trata-se de um processo de autodescoberta que possibilita não só percebermos com clareza o que sentimos, mas também escolhermos de maneira mais consciente como iremos reagir às situações. Isso significa que, ao acolhermos nossas emoções, conseguimos gerar respostas mais equilibradas e assertivas diante dos desafios. Assim, todo esse movimento se torna um dos maiores impulsionadores da resiliência, pois entendendo o que está em nosso interior, conseguimos lidar melhor com o que acontece ao nosso redor.

A pessoa que aprende a ser msais resiliente se torna mestre na arte de recomeçar: com cada desafio enfrentado e cada obstáculo superado, somos convidados a reconstruir, a nos reinventar e a seguir em frente, mais fortes e mais sábios. Existe uma beleza única nos recomeços da vida, um encanto que não se encontra em um caminho linear, mas nas curvas, nos desvios e nas voltas que damos ao longo da jornada. Cada cicatriz que carregamos conta uma história e cada vez que nos permitimos recomeçar, estamos renovando nossas forças e descobrindo novas formas de ser, de viver e de crescer. O recomeço é mais do que uma necessidade, é uma dádiva. A vida não nos pede que sejamos inquebráveis, mas que tenhamos a coragem de nos refazer sempre que preciso. Resiliência emocional não é sobre nunca sofrer, mas sobre nunca desistir de viver plenamente apesar das adversidades, e encontrar beleza no imprevisível.

Que possamos nos permitir cair e levantar, aprender e crescer, sempre com a certeza de que cada novo passo nos aproxima da nossa melhor versão, abraçando cada novo dia como uma nova chance de recomeçar, com coragem, sabedoria e amor-próprio. Se a vida lhe apresentar um desafio, lembre-se: você já superou muitas coisas antes e, com certeza, poderá fazer isso novamente, pois carrega dentro de si a força capaz de superar qualquer adversidade. Siga em frente, sempre! Gratidão.

"No silêncio da adversidade, encontramos a oportunidade de ouvir a voz interior que nos guia rumo ao nosso verdadeiro potencial."

Fabiana Andrade

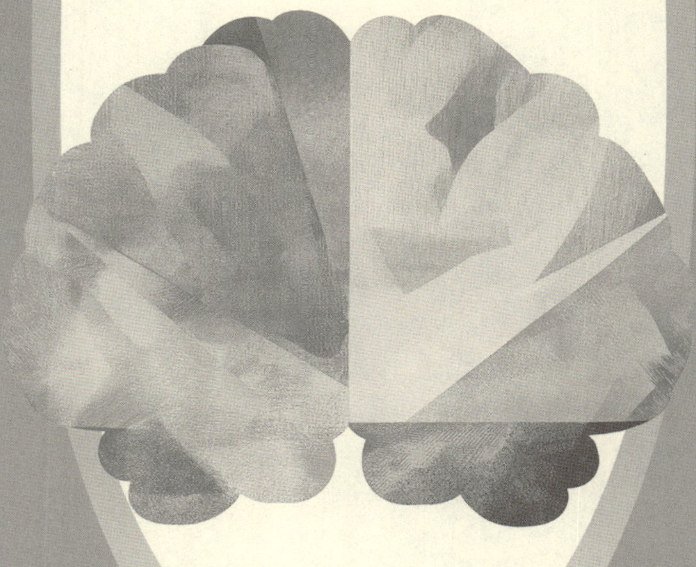

Crédito: Dani Botelho.

Fabiéle de Campos Machado

Sou Fabiéle de Campos Machado, natural de Carazinho/RS e residente em Camboriú/SC.

Sou psicóloga (CRP12/16468), especialista em Gestão de Pessoas e Desenvolvimento Humano, Neurociências e Comportamento Humano, e Intervenções em Sofrimentos Extremos. Atuo também como mentora de carreira, palestrante e supervisora clínica. Atendo pacientes no Brasil e na Europa.

Acredito que todo mundo tem uma história que merece ser compreendida. Muitas vezes, repetimos padrões, carregamos dores que não sabemos de onde vêm. Meu propósito é ajudar as pessoas a olharem para si mesmas com mais clareza, a entenderem o seu sentir. Minha maior realização é ver meus pacientes e mentorados se tornando protagonistas de suas próprias histórias.

fabielemachado.psi

+55 (47) 99690-2653

fabielemachado.psi@gmail.com

POR QUE AMAMOS COMO AMAMOS? AS RAÍZES DAS RELAÇÕES

10

Por Fabiéle de Campos Machado

Muitos pacientes chegam até mim em busca de respostas sobre seus relacionamentos — desejando entender por que permanecem em relações que não lhes fazem bem, curar a dor de uma separação ou compreender a necessidade de compartilhar a vida com alguém. Essas são apenas algumas das muitas questões que surgem quando falamos sobre amor. Foi a partir dessas inquietações que me aprofundei no estudo das relações e da base das nossas escolhas afetivas, buscando responder à pergunta: "Por que amamos como amamos?". Para isso, mergulhei na Psicanálise, a fim de auxiliar meus pacientes a compreenderem suas manifestações no mundo e o impacto de suas experiências emocionais em seus relacionamentos.

Esse assunto sempre me interessou muito. Anos atrás, uma das minhas motiva-ções para buscar a psicoterapia teve a mesma temática: relacionamentos. Minha busca consistia em entender o motivo da repetição de minhas escolhas amorosas, que no final sempre me levavam a um mesmo tipo de relação, a qual eu percebia que não me fazia bem. Eu não entendia o motivo de permanecer nelas e, mais ainda, por que eu as havia escolhido.

E, meu caro leitor, acredito que, ao chegar a esse capítulo e ler seu título, você tenha se lembrado de algum relacionamento que viveu ou ainda vive. Até porque somos seres relacionais, e esse será sempre um tema emergente, em rodas de conversa, em desabafos nas redes sociais, em um *setting* terapêutico, em uma mesa de bar, ou mesmo como uma inquietação íntima.

Mas, antes de falarmos mais sobre esse assunto, permita-me perguntar: e você? Por que você ama como ama? Qual a razão para você escolher os seus relacionamentos da maneira que escolhe? Existe alguma repetição em suas escolhas?

Os seus relacionamentos, sejam eles amorosos ou profissionais, acabam tendo algo em comum?

Ao fazer essa pausa, pode ser que algumas respostas já tenham surgido. E se nos aprofundássemos ainda mais? E se investigássemos as raízes de nossas relações e os mecanismos inconscientes que as sustentam? Talvez essa reflexão levasse você a novas percepções e a um território interior pouco explorado ou até mesmo ainda não percebido em você. Isso é o que acontece com a maioria dos meus pacientes: a resposta geralmente está onde menos se espera.

Pois bem, a proposta deste capítulo é ampliar o seu olhar sobre suas relações e ressignificá-las.

A formação dos nossos relacionamentos

Quando falamos em relacionamentos, abrimos um vasto campo de possibilidades.Nossas relações são construídas desde a infância, com nossos pais ou cuidadores, familiares, amigos, professores, amores e colegas de trabalho. Cada uma delas se acumula em nossa história e molda a maneira como nos vinculamos. O modo como recebemos e damos afeto não é aleatório. Ele é aprendido.

"O que seus relacionamentos revelam sobre você? O que todos eles têm em comum?" Com esses questionamentos, faço um convite à reflexão. Meu objetivo é levá-lo a um primeiro passo essencial: reconhecer que as escolhas afetivas não são fruto do acaso, mas estão diretamente ligadas à forma como aprendemos a dar e receber amor. Sem essa consciência, tendemos a entrar e permanecer em relações sem nos darmos conta dos padrões que repetimos.

O impacto da infância nas escolhas afetivas

Se queremos entender as raízes das nossas relações — afinal, essa é a proposta do capítulo — necessitamos voltar no tempo, a um lugar chamado primeira infância. Sim, foi lá que tudo começou.

Isso pode lhe trazer conforto ou desconforto. É claro que vai depender da sua experiência, a qual nesse momento o(a) remete a algumas recordações. Então, deixe-me abordar o assunto com muito respeito e afeto, para adentrar nesse lugar que é seu.

Para embasar essa reflexão, trago uma colocação de Jacques Lacan (1978). No conceito do Estádio do Espelho, ele afirma que nossa identidade se forma a partir do olhar do outro, sendo esse olhar essencial para a construção do Eu. Isso nos ajuda a entender como se inicia nossa busca pela aceitação e pelo amor.

Na Psicanálise, compreendemos que é a partir desse olhar que nos constituímos. Em um primeiro momento, esse outro é representado pela figura materna (ou por quem exerceu o papel de cuidador). É ali que se inicia a formação do Eu: o bebê passa a perceber a maneira como é visto e reconhecido. Suas expressões e comportamentos surgem como um pedido de validação. Ele aprende que tudo o que é reconhecido e aceito pelo cuidador se torna parte de sua identidade, e passa a perceber que precisa do olhar do outro para confirmar sua existência e valor.

Veja que interessante. Desde muito cedo, buscamos aceitação. É nessa busca que se estabelece nosso primeiro e mais significativo relacionamento: aquele que servirá de base para todos os outros que virão. Nosso Eu se constitui, em grande parte, a partir do olhar do outro — ele funciona como um espelho que nos devolve quem somos, com base naquilo que foi acolhido e reconhecido em nós.

Como crianças, aprendemos a expressar nossas emoções e comportamentos em função do impacto que terão no outro, esperando uma resposta de atenção e afeto. Nosso primeiro desejo de sermos amados(as) surge da necessidade de correspondermos à expectativa do outro.

Se refletirmos sobre isso, perceberemos que carregamos até hoje fragmentos dessa construção. Nossa infância nos ensinou a buscar afeto, reconhecimento e pertencimento. E, na medida em que crescemos, seguimos esse roteiro inconscientemente, projetando essas primeiras experiências em nossos relacionamentos.

O desejo de estar com o outro

O desejo de estar com o outro e a necessidade de preencher uma falta são elementos centrais para entendermos nossas escolhas afetivas. Mas o que estamos realmente buscando quando procuramos um relacionamento?

Se chegou até aqui, talvez já tenha refletido sobre sua infância, adolescência e certos padrões que ainda reproduz em sua vida adulta. A questão que se coloca agora é: seus relacionamentos são guiados por um desejo genuíno ou pela necessidade inconsciente de ser reconhecido pelo outro?

Então você pode estar se perguntando:

"Se aprendi a amar assim, estou fadado(a) a repetir sempre esse padrão?"

"Se minha infância foi difícil, estou condenado(a) a relacionamentos problemáticos?"

"Devo culpar os outros por minhas relações frustradas?"

"Se é assim que aprendi a receber amor e atenção, como posso mudar?"

O que quero dizer é que, uma vez que tomamos consciência da forma como nos relacionamos, dos padrões que repetimos e das raízes inconscientes que nos influenciam, ganhamos a oportunidade de ressignificar nossa história. Isso nos devolve a responsabilidade por nosso presente e futuro.

O poder da psicoterapia na transformação

No consultório, recebo pacientes que chegam com essa dor, buscando respostas sobre o outro. Porém, no decorrer da terapia, percebem que o verdadeiro caminho para a mudança está neles mesmos. Quando tomamos consciência das nossas escolhas, podemos romper ciclos e construir relações mais saudáveis.

Muitas vezes, escolhemos parceiros que confirmam aquilo que já acreditamos saber sobre nós mesmos — mesmo que essa visão esteja distorcida. Podemos desejar de forma consciente um tipo de relacionamento, mas, em nossas atitudes, buscamos inconscientemente algo diferente. Isso acontece porque nossa psique (totalidade da mente humana) é complexa, e há muito a ser explorado dentro de nós.

Claro que aqui falo de forma breve sobre esse processo profundo, no qual o paciente vai percorrer caminhos, abrir novas portas, reconhecer-se em outros lugares e ter uma compreensão maior sobre si. É uma jornada libertadora para quem deseja respostas e as encontra em sua história, permitindo-se escolher como avançar com esse novo olhar para si e suas relações. Tudo está dentro de nós. A psicoterapia lança luz sobre o que estava oculto e nos permite fazer escolhas mais conscientes.

Eu posso lhe dizer com propriedade sobre a transformação que a psicoterapia pode fazer em sua vida. A partir do momento que você decide assumir responsabilidades e se tornar protagonista da sua história, a mudança ocorre. Temos sempre a oportunidade de escolher o que fazer com aquilo que nos aconteceu. O autoconhecimento é o maior presente que podemos nos dar, e é por meio dele que conseguimos romper padrões repetitivos que, muitas vezes, nos causam dor e sofrimento ao longo da vida.

Como psicóloga, posso dizer que no momento que você identifica que quer mudar algo, e dá esse primeiro passo, o movimento já começa a acontecer. Então, para você que leu este capítulo até aqui e se identificou com algo, deixei meus contatos na primeira página. Entre em contato comigo para que possamos caminhar juntos para esse novo olhar sobre as suas relações. Muitas vezes, o que buscamos no outro é um reflexo daquilo que ainda precisamos aprender ou curar dentro de nós.

Quero poder ajudá-lo(a) a enxergar com clareza o que está por trás das suas escolhas, desafiá-lo(a) a fazer perguntas difíceis sobre quem você é, o que você realmente quer e o que tem impedido que você alcance o amor e a felicidade que merece.

Tenho certeza de que, assim como muitos outros pacientes que já passaram por mim e hoje vivem algo novo, leve e saudável, você também pode alcançar essa realidade. Não se trata de buscar um relacionamento perfeito — isso seria ilusão —, mas de se permitir escolher com consciência, rompendo padrões que geram dor e sofrimento.

A mudança começa em você. Estou aqui para apoiá-lo(a) nesse caminho. Permita-se essa oportunidade!

BIBLIOGRAFIA

LACAN, J. *O seminário, livro 11*: os quatro conceitos fundamentais da Psicanálise. Tradução de Silvia Beatriz F. Moreira. Rio de Janeiro: Jorge Zahar Editor, 1978.

"Muitas vezes, o que buscamos no outro é um reflexo daquilo que ainda precisamos aprender ou curar dentro de nós."

Fabiéle de Campos Machado

Fernanda Justen

Sou Fernanda Berwaldt Justen e nasci em uma cidade do interior do Rio Grande do Sul. Sou casada e mãe de dois filhos, formada em Enfermagem e, ao longo dos anos, notei como as emoções são determinantes no processo de cura. Observei isso tanto em pacientes quanto em mim mesma, enfrentando crises de enxaqueca, problemas digestivos e sintomas de depressão. A transformação veio por meio do autoconhecimento e da liberação de traumas de infância e padrões familiares. Validando minhas emoções, reencontrei a leveza, o equilíbrio e o bem-estar. Hoje, sou especialista em saúde mental, consteladora familiar e terapeuta sistêmica, ajudando meus clientes a encontrar paz interior, autoestima e saúde plena por meio da conexão com suas emoções.

fernandabjusten

DO SILÊNCIO À LIBERDADE: A JORNADA DE SENTIR

11

Por Fernanda Justen

Quando aprendi a ser forte demais

Desde muito pequena, eu já demonstrava uma liderança natural. Gostava de organizar tudo, coordenar atividades na escola e tomar iniciativa. Era elogiada por ser inteligente, comunicativa e determinada. Cresci em um lar cheio de amor, com pais que sempre trabalharam muito para garantir o sustento da nossa família. Nunca faltou nada — ou quase nada. Isso porque a presença deles, o tempo de qualidade, o olhar atento, eram escassos. Com o passar dos anos, essa ausência silenciosa foi deixando marcas em mim, moldando a forma como eu enxergava o mundo e a mim mesma.

Na infância e adolescência, aprendi que não se devia reclamar, que chorar não resolvia e que cuidar de si era um tipo de egoísmo. Cresci acreditando que ser forte era calar a dor, fingir que tudo estava bem. E mesmo rodeada de pessoas, fui aprendendo a lidar com a vida em silêncio, guardando tudo para mim.

Quando me tornei adulta, me mudei para longe da família, e foi nesse novo cenário que muitas emoções vieram à tona. Comecei a sentir medos que eu não conhecia, inseguranças que eu não sabia nomear. Mas atribuía tudo à vida nova. Mal sabia que não era a cidade que despertava tudo isso em mim, mas, sim o que já existia há muito tempo, guardado lá dentro.

Ouvia dentro de mim uma voz repetindo frases antigas: "você precisa dar conta", "terapia é luxo", "ninguém vai resolver por você". Na minha família já havia histórico de ansiedade e depressão, mas também havia julgamento e negação. A terapia era vista com desconfiança. Para eles, apenas medicamentos resolviam. Emoções não eram para ser sentidas, muito menos expressadas.

Com o tempo, fui adoecendo — por dentro e por fora. A exaustão virou minha companheira. Trabalhava demais, cuidava dos filhos, da casa, do casamento, dos outros... menos de mim. Não sabia dizer não. Eu me anulava para agradar. Tinha dificuldade de discordar, de mostrar o que pensava ou sentia. Queria ser aceita a qualquer custo, mesmo que isso custasse meu bem-estar.

Desenvolvia bem meu trabalho, era dedicada e competente, mas não me sentia reconhecida. E mais do que isso: eu mesma não me reconhecia mais. Carregava uma culpa constante, uma sensação de que nunca era suficiente. Eu me cobrava tanto que, por vezes, desistia antes mesmo de tentar. Achava que não conseguiria, que eu não era boa o bastante.

As pessoas ao meu redor, muitas vezes, eram ríspidas, indiferentes ou até injustas. E o que eu fazia? Fingia que não via. Sorria por fora. Por dentro, sentia dor.

Até que meu corpo começou a gritar. A tristeza virou uma presença constante. A energia foi embora. As enxaquecas se tornaram rotineiras. As dores no estômago também. Era como se meu corpo estivesse tentando me alertar de algo que minha mente ainda insistia em ignorar — um pedido de socorro vindo do mais profundo de mim.

E o mais doloroso é que, mesmo em casa, eu estava sozinha. O relacionamento com meu marido não ia bem. Eu ouvia críticas e aceitava todas, como se fossem verdades absolutas. Afinal, eu mesma era minha maior crítica. Sentia-me incapaz, insuficiente, pequena. Meu brilho foi apagando. Minha alegria ficando opaca. Meu coração, pesado. Até que chegou o momento em que não me reconhecia.

Quando sentir virou liberdade

Foi nesse estado — de esgotamento físico, emocional e mental — que uma amiga terapeuta me ofereceu algo simples, mas revolucionário: escuta. Pela primeira vez, alguém me olhou com presença e disse: "Você não precisa dar conta sozinha".

Aquilo mexeu comigo. Mexeu com minhas certezas e crenças mais profundas. Eu tinha aprendido que pedir ajuda era sinal de fraqueza. Que ser forte era resolver tudo sem depender de ninguém. Mas naquele momento, eu não queria mais suportar. Eu queria me curar. Eu queria, de verdade, me libertar daquela prisão invisível que eu mesma havia construído.

Aceitei a ajuda. E esse foi o primeiro passo da minha transformação. Iniciei um mergulho profundo no autoconhecimento. Permiti-me fazer terapia. Investi tempo, dinheiro e energia em mim. Então, descobri algo essencial: sentir é um direito, expressar é uma necessidade e reprimir é uma forma de adoecer.

Comecei a entender a diferença entre emoção e sentimento, algo que nunca haviam me explicado com tanta clareza.

A emoção é o impulso primário que surge no corpo como resposta a um estímulo. É natural, espontânea, instintiva e corporal. Já o sentimento é o que se constrói a partir da emoção que foi negada, mal interpretada ou não acolhida. O sentimento é a emoção que ficou retida, distorcida e esquecida.

Por exemplo, quando alguém me fere e eu sinto raiva, essa é a emoção. Se eu reprimo essa raiva, se finjo que está tudo bem, se engulo o que gostaria de dizer, essa emoção não desaparece — ela se transforma em um sentimento mais denso: mágoa, ressentimento e frustração.

E o que não é processado emocionalmente, o corpo se encarrega de expressar. Gabor Maté (2017) afirma que, se você não consegue sentir, seu corpo sentirá por você.

E meu corpo já estava gritando há tempos. Mas eu só fui entender quando olhei de verdade para dentro de mim, com coragem e presença.

Foi nesse caminho de autoconhecimento que encontrei a constelação familiar, por meio dos ensinamentos de Bert Hellinger, e percebi que muitas das emoções que me habitavam não eram só minhas.

Carregava dores ancestrais, traumas transgeracionais, padrões familiares de autossabotagem, escassez, abandono e repressão emocional. Comecei a enxergar o quanto eu estava sendo leal às dores da minha linhagem feminina. Mulheres que também foram silenciadas, que também foram fortes demais, que também engoliram suas verdades para não perderem o amor, a segurança e a aceitação.

E isso foi libertador. Validar minha história. Honrar as mulheres que vieram antes de mim. E, ao mesmo tempo, escolher fazer diferente. Entendi que emoções são como ondas: vêm e vão. Mas se a gente bloqueia essa maré, a água se acumula, estagna e apodrece.

Quando permiti que minhas emoções existissem, sem julgá-las, sem sufocá-las, elas deixaram de ser minhas inimigas. Passaram a ser guias. Mensagens do meu corpo e da minha alma, dizendo: "Olhe para isso com amor".

O reencontro comigo mesma

A cada passo nesse caminho de cura, algo dentro de mim se reorganizava. Comecei a me permitir ser quem eu sou, com luzes e sombras, com força e sensibilidade, com voz firme e coração terno. Passei a aceitar minhas imperfeições, a enxergar beleza até mesmo nas minhas vulnerabilidades.

Fui acolhendo partes de mim que estavam escondidas: a menina que precisava de colo, a mulher que sonhava em ser cuidada, a profissional que merecia reconhecimento, a esposa que desejava ser ouvida, a mãe que queria estar inteira para seus filhos. E todas essas partes foram sendo vistas, reconhecidas e honradas.

Na constelação familiar, aprendi que tudo tem um lugar e que há uma ordem no amor. E que quando cada parte da nossa história é reconhecida, o sistema inteiro se equilibra — inclusive, o nosso corpo, nossa mente e nossa vida.

Eu me conectei com a mulher que sou — do meu jeito. Sem precisar agradar todo mundo. Sem precisar provar nada para ninguém. Sem seguir padrões que nunca me representaram.

E foi nesse reencontro comigo mesma que minha saúde começou a mudar: as enxaquecas desapareceram, as dores no estômago cessaram, a energia voltou e a leveza entrou. Meu corpo se sentia em paz, em casa.

Meu casamento se fortaleceu. Já estamos juntos há dezessete anos, com dois filhos lindos que me inspiram todos os dias a ser melhor. Com meu marido, aprendemos juntos a respeitar nossas diferenças e crescer como parceiros. Nossa relação não é perfeita, mas é verdadeira, consciente e construída com diálogo.

A vida financeira também começou a fluir, porque quando a gente se sente inteira, o mundo começa a refletir esse movimento interno. Quando a gente se posiciona com verdade, o universo responde com prosperidade.

Hoje, sou terapeuta sistêmica e consteladora familiar. Atendo mulheres incríveis que, como eu um dia estive, estão cansadas de viver escondidas atrás de papéis e máscaras. Mulheres que gritam em silêncio, mas não sabem mais como pedir socorro.

Mulheres que sentem culpa por descansar, que vivem no automático, que não sabem mais quem são, que sentem o peso da cobrança, da comparação, da solidão silenciosa e que não querem mais continuar assim.

Meu trabalho é esse: mostrar que existe outro caminho. Um caminho de verdade, de sentimento e de libertação. Um caminho em que não é preciso ser perfeita, mas é necessário ser sincera consigo mesma.

Acredito profundamente que o autoconhecimento é o melhor presente que podemos nos dar, porque é ele que nos devolve o poder de escolha e nos reconecta com o que é essencial.

Agora, quando algo me incomoda, eu não engulo. Eu respiro, acolho, escuto e expresso com amor. Não para ferir o outro, mas para me respeitar. Quando sinto medo, eu não fujo. Eu abraço esse medo, e pergunto: "O que você quer me mostrar?". Quando algo dói, eu sei que é um convite para olhar mais fundo. E não mais um motivo para me abandonar.

É assim que ensino minhas clientes a viverem. Não uma vida perfeita, mas uma vida real, com espaço para ser humana, imperfeita e inteira. Com espaço para sentir e ser sentida.

Um passo de coragem para voltar a si

Se você chegou até aqui, talvez algo da minha história tenha tocado a sua. Talvez você também esteja cansada de fingir. Talvez sua alma esteja, silenciosamente, pedindo espaço para respirar.

E eu quero lhe dizer, com todo meu coração: você pode se permitir sentir. Você pode dizer sim para si mesma. Pode dizer não para o que lhe machuca. Pode expressar sua verdade. Pode ocupar seu lugar.

A cura não acontece de uma hora para outra. Mas começa com um passo. O passo de olhar para si com amor e dizer: "Eu mereço viver leve".

Se você sente que é hora de começar essa jornada, estou aqui. Com tudo o que aprendi, com tudo o que vivi, para caminhar com você.

Porque sentir e expressar emoções não é fraqueza: é liberdade.

E nada traz mais cura e leveza do que ser, com verdade, quem você nasceu para ser.

BIBLIOGRAFIA

MATÉ, G. *Quando o corpo diz não*: o custo do estresse oculto. São Paulo: Editora Sextante, 2017.

"Nada traz mais cura e leveza do que a liberdade de ser quem você é."

Fernanda Justen

Flávia Oliveira

Sou Flávia Oliveira, especialista em desenvolvimento de líderes. Tenho formação em Psicologia, sou *master coach*, *expert* em análise comportamental e psicológica, MBA em Gestão de Pessoas e em Gestão de Negócios. Nascida em São Paulo, construí minha carreira na área de gestão de pessoas no setor da saúde e, hoje, com vinte anos de experiência, atuo como psicóloga de carreira e mentora de líderes. Cristã desde a adolescência, levo adiante o chamado de ser uma voz ativa em minha geração, impactando e inspirando pessoas a se tornarem líderes de si mesmas. Reconhecida pela capacidade de direcionar pessoas por meio de atendimentos, treinamentos e palestras, já sensibilizei milhares por todo o país para uma transformação pessoal genuína de dentro para fora.

flaviaoliveiramentora

Flavia Oliveira

LIDERANÇA QUE CURA: O CAMINHO PARA TIMES SAUDÁVEIS

12

Por Flávia Oliveira

A maioria dos profissionais inseridos no mundo do trabalho conhece o caso de algum colaborador que, devido à sua competência técnica, foi promovido a líder e, na maioria das vezes, sem ser treinado para isso. É comum constatar que as competências comportamentais ficam em segundo plano e, quando isso acontece, o resultado é: uma liderança catastrófica não só para o gestor promovido, mas para a empresa e a equipe.

O perfil comportamental de uma pessoa pode variar muito: algumas são mais contidas e analíticas, enquanto outras expõem as suas ideias sem muita dificuldade. O mais importante a se lembrar é que situações diferentes exigem abordagens distintas. Entretanto, o que não se pode negar é que os líderes mais eficazes possuem um ponto crucial em comum: todos demonstram um profundo conhecimento sobre suas habilidades, seus pontos fortes e fracos, suas motivações e seus valores. É o que chamo de autoliderança. Não que a competência técnica não seja relevante nesse contexto, ela é, mas como pré-requisito no início da jornada do líder. Gosto de dizer que a autoliderança é uma condição essencial, pois, sem ela, a pessoa pode ter a melhor formação do mundo, uma mente analítica e uma estrutura infinita de ideias brilhantes, mas, ainda assim, não se tornará um grande líder.

O que quero dizer é que a liderança tradicional, frequentemente, enfatiza resultados, produtividade e eficiência. No entanto, essa abordagem pode negligenciar um aspecto fundamental da relação humana: a saúde mental e o bem-estar dos colaboradores. Uma liderança que cura prioriza o crescimento pessoal, a confiança e a satisfação consigo mesmo, e, consequentemente, dos membros da equipe.

Neste capítulo, exploraremos como líderes podem criar ambientes de trabalho saudáveis e inspiradores. Vamos juntos!

A cura na liderança — um caminho de autoconhecimento e transformação

No intrincado labirinto da liderança, a busca pela saúde mental emerge como um pilar fundamental para o sucesso e o bem-estar. A palavra "cura", nesse contexto, transcende a mera ausência de doenças; em sua essência, representa a busca por soluções para os desafios que permeiam a vida humana, sejam eles de natureza pessoal, profissional, social ou financeira.

Líderes, como qualquer indivíduo, não estão imunes às adversidades da vida e podem enfrentar dificuldades emocionais e transtornos mentais, como depressão, ansiedade, *burnout* ou estresse pós-traumático. No entanto, a verdadeira liderança se revela na capacidade de reconhecer e enfrentar essas adversidades, buscando o apoio necessário para superar seus impactos negativos e seguir em frente.

A negligência da saúde mental na liderança pode ter consequências devastadoras, tanto para o líder quanto para sua equipe. Um líder que não cura suas próprias feridas emocionais corre o risco de projetar suas inseguranças, medos e frustrações em seus liderados, criando um ambiente tóxico e desmotivador.

Ao longo da minha jornada profissional, tive o privilégio (ou seria o desafio?) de observar uma vasta gama de estilos de liderança. Em meio a essa diversidade, dois perfis se destacaram, como faces opostas de uma mesma moeda: o líder inseguro e o líder egocêntrico.

O primeiro, aprisionado em sua própria insegurança, tece uma teia de controle sobre cada aspecto do trabalho. Toda decisão, por menor que seja, precisa passar pelo seu crivo, numa tentativa desesperada de evitar qualquer deslize que possa expor suas fragilidades. O medo de perder o controle o transforma em um centralizador compulsivo, sufocando a autonomia e a criatividade de sua equipe.

Em contrapartida, o líder egocêntrico navega em um mar de autoconfiança inflada, em que sua palavra é lei e sua visão é a única verdade. Acreditando ser superior aos demais, ele se blinda em uma aura de infalibilidade, ignorando as opiniões e contribuições de sua equipe. Sua posição hierárquica o convence de que detém todo o conhecimento e sabedoria, reduzindo seus liderados a meros executores de suas ordens.

Ambos os perfis, embora distintos em suas manifestações, compartilham uma raiz comum: a falta de autoconhecimento. A insegurança e o ego inflado são máscaras que escondem as próprias fragilidades, impedindo o líder de desenvolver uma atuação autêntica e eficaz.

A verdadeira liderança, aquela que inspira e transforma, reside no equilíbrio entre a humildade e a confiança. O líder autoconsciente, que guia a si mesmo, reconhece suas limitações e valoriza as contribuições de sua equipe, criando um ambiente de colaboração e crescimento mútuo. Ele compreende que liderar não é controlar ou impor, mas, sim, servir e capacitar.

A jornada para uma liderança autêntica exige coragem para enfrentar as próprias sombras e cultivar a humildade. É um caminho de autodesenvolvimento contínuo, no qual o líder se torna um exemplo a ser seguido, inspirando sua equipe a alcançar seu pleno potencial.

O processo de transformação pessoal

Sempre nutri uma profunda esperança na capacidade humana de transformação. Acredito firmemente que, assim como existem líderes tóxicos, que infligem dor e sofrimento, também existem líderes saudáveis, que cultivam o bem-estar e a cura. Essa convicção me impulsiona a dedicar anos de trabalho à ressignificação do papel da liderança.

A sociedade, muitas vezes, nos impõe a crença de que líderes devem ser figuras perfeitas e inabaláveis. No entanto, essa visão é irreal e prejudicial. A liderança autêntica se revela na vulnerabilidade, na capacidade de reconhecer erros e aprender com eles.

Meu objetivo é lançar luz sobre o processo de guiar, ensinar e preparar aqueles que estão sob a responsabilidade do líder. Acredito que a liderança genuína se baseia na empatia, no respeito e na busca pelo desenvolvimento integral de cada indivíduo. No entanto, não me iludo com a ideia de um caminho fácil, a jornada para se tornar um líder curador é contínua, exige aprendizado constante e um compromisso profundo com a autoliderança, ou seja, com o aprimoramento intrapessoal e interpessoal. Trata-se de um caminho que demanda coragem para olhar para dentro, reconhecer as próprias vulnerabilidades e trabalhar para superá--las. A cura emocional da equipe começa com a cura do próprio líder.

Atitudes fundamentais da liderança curadora

1. **Desenvolva a autoliderança**: como alicerce da cura, o primeiro passo para liderar é conhecer a si mesmo em profundidade. Isso significa explorar as próprias emoções, identificar os gatilhos emocionais, compreender os padrões de comportamento e reconhecer como as emoções impactam as decisões e interações. Por meio da autorreflexão e do autoconhecimento, o líder desenvolve a capacidade de gerenciar suas emoções e de responder de forma mais consciente e compassiva às emoções dos outros.
2. **Eleve a equipe**: trazer sentido para o trabalho é o grande desafio da liderança. Incentivar as pessoas para que amanhã possam ser melhores do que são hoje é uma habilidade que precisa ser fomentada e cascateada, permitindo que a equipe possa liderar projetos cada vez mais complexos. Quando as pessoas percebem que são importantes para o processo e que você acredita nelas, consequentemente elas passam a acreditar mais em seu próprio potencial.
3. **Promova a segurança psicológica**: um ambiente de trabalho seguro e acolhedor é fundamental para o florescimento da cura emocional. Criar um espaço onde a comunicação aberta e honesta seja incentivada, os membros da equipe se sintam à vontade para expressar suas opiniões e ideias e a diversidade seja respeitada. A inclusão é uma prioridade, garantindo que todos se sintam pertencentes e valorizados.
4. **Invista no crescimento compartilhado**: o líder curador se preocupa genuinamente com o crescimento e desenvolvimento de seus liderados. Ele oferece *feedbacks* construtivos, ajudando-os a identificar seus pontos fortes e áreas de atenção, promovendo oportunidades de desenvolvimento, celebrando conquistas e incentivando a melhoria contínua.
5. **Seja um modelo a ser seguido**: a liderança curadora se baseia na integridade e na autenticidade. O líder que demonstra seus princípios e valores em suas ações, cumpre suas promessas e se comunica de forma clara e honesta. Ao agir com integridade, o líder constrói credibilidade e inspira confiança a sua equipe.

Ao adotar essas práticas, você estará no caminho certo para se tornar um líder que cura, capaz de transformar positivamente a vida dos seus liderados e o ambiente como um todo.

Lembre-se de que a cura emocional é um processo contínuo. Seja paciente consigo mesmo e com seus colaboradores e esteja disposto a aprender e crescer junto com eles. Ao reconhecermos nossas próprias vulnerabilidades e nos dedicarmos a curá-las, abrimos espaço para ajudar aqueles que lideramos. Que este capítulo sirva como um convite à reflexão e ao início dessa jornada, em que a liderança se torna um instrumento de transformação e cura.

A esperança que nutro no ser humano reside na crença de que o papel da liderança pode ser ressignificado, transcendendo a mera gestão para se tornar um farol de luz e cura. Espero que as ideias aqui apresentadas inspirem diversas ações, e que você, que chegou até aqui, encontre em si a coragem para embarcar nessa jornada de autodesenvolvimento para alcançar a autoliderança e se tornar um líder que transforma destinos.

"Autoliderança primeiro:
quem se domina inspira.
Líder de si, líder
de outros."

Flávia Cliveira

Gabriela Borba

Sou Gabriela Borba, natural de São Paulo/SP, casada com o Juliano Borba e mãe da pequena Cecília. Construí parte da minha carreira na área corporativa e hoje sou psicóloga clínica, neuropsicóloga e especialista em comportamento humano, com formações em Teoria Cognitivo-Comportamental (TCC) e Terapia Comportamental-Dialética (DBT).

Com mais de 10 mil horas de atendimento, percebi que a falta de equilíbrio e de propósito é uma das principais causas de adoecimento emocional. Inspirada por essa realidade e pela minha própria jornada, desenvolvi um método que auxilia pessoas a alcançarem um equilíbrio flexível, conciliando suas ambições profissionais com a saúde física e emocional, assim como com as relações interpessoais. Meu objetivo é ajudar as pessoas a viverem uma vida significativa em que a saúde física, emocional, a carreira e as relações interpessoais estejam em harmonia.

gabiborbapsi

+55 (11) 98083-1471

gabrielaborbapsi@gmail.com

GABIBORBAPSI

BURNOUT: QUANDO O TRABALHO ADOECE A MENTE

13

Por Gabriela Borba

O *burnout*, ou síndrome do esgotamento profissional, tem se tornado uma preocupação crescente no mundo corporativo e entre profissionais de saúde mental. Vivemos em uma sociedade que valoriza a produtividade e o alto desempenho, muitas vezes em detrimento do bem-estar individual. Essa cultura de alta performance pode levar ao esgotamento físico e mental dos profissionais.

De acordo com uma pesquisa da Associação Nacional de Medicina do Trabalho (ANAMT), aproximadamente 30% dos trabalhadores brasileiros sofrem com essa condição (Síndrome [...], 2023). Sempre que me deparo com essa realidade, um filme passa pela minha cabeça, pois, por muitos anos, fiz parte desses números.

Lembro-me como se fosse ontem de um dos momentos mais felizes da minha vida até então: a aprovação no meu primeiro emprego. Era uma empresa multinacional, com um plano de carreira que prometia me formar como profissional. Aos 17 anos, cheia de sonhos e entusiasmo, iniciei minha jornada.

O tempo passou e, em um piscar de olhos, sete anos se foram. Durante esse período, conquistei múltiplas promoções e méritos enquanto me formava em Psicologia. A empresa investia pesado nos profissionais de alto desempenho e, como parte desse investimento, tive a oportunidade de usufruir de um afastamento para fazer um intercâmbio na Austrália após minha graduação. No entanto, eu não percebi que, em troca desse reconhecimento, estava investindo algo muito maior: minha saúde emocional.

Antes mesmo de tomar consciência disso, recebi um convite para uma nova oportunidade em uma empresa com segmento diferente, mas na mesma área em que sempre atuei: Recursos Humanos. E lá fui eu, radiante pela oportunidade de continuar construindo o meu legado em outro lugar.

Salário maior, mais benefícios, cargo superior. Uma lista interminável de projetos e entregas veio junto com a carteira assinada. Quanto mais eu entregava, mais reconhecida e admirada eu era, inclusive pela minha família. E assim, eu me vi presa em um ciclo de perfeccionismo e alta performance, acreditando que esse era o caminho para a realização profissional.

Demorei muito tempo para perceber os impactos desse ritmo de trabalho. Aos poucos, minha saúde foi se deteriorando. O sobrepeso chegou, pois não sobrava tempo para me alimentar bem ou praticar exercícios. Como psicóloga, eu sabia da importância de cuidar da saúde mental, mas, como sobrevivente do mundo corporativo, deixava isso em segundo plano.

Nesse período, um médico gastroenterologista marcou minha história. Sentia fortes dores no estômago há meses, o que limitava ainda mais minha qualidade de vida. Após exames, veio uma lista de diagnósticos gastrointestinais. Como uma pessoa disciplinada que sou, segui o tratamento farmacológico, mas os sintomas persistiram. Inconformada, pedi ao médico uma medicação mais forte, e sua resposta, que interpretei como uma ofensa, ecoa em minha mente até hoje: "Enquanto você não diminuir seu ritmo e equilibrar seu nível de estresse, o prognóstico continuará o mesmo". Saí furiosa do consultório, achando que ele era um péssimo profissional. Hoje, reconheço que ele estava absolutamente certo.

Os anos seguiram, e permaneci presa nesse ciclo insalubre por mais cinco anos. Dores de cabeça constantes, exaustão, palpitações, ansiedade (principalmente em apresentações de trabalho), irritabilidade extrema. Eu acreditava que esse era o custo do sucesso. Até que minha formação em Psicologia e minha experiência em comportamento humano me tiraram daquele lugar antes que fosse tarde demais. Afinal, eu estava à beira de um colapso, apresentando sintomas claros da Síndrome de *Burnout*.

A maternidade foi meu ponto de virada. Casada havia dez anos, eu e meu marido decidimos que era hora de sermos pais. Uma certeza eu tinha: gostaria de ser uma mãe presente na vida do meu bebê e isso não seria possível se continuasse no mesmo ritmo de trabalho. Foi aí que a realidade começou a aparecer para mim. Como em um devaneio, passei a me perceber dentro do ambiente de trabalho e me reconheci como uma pessoa *workaholic* (viciada em trabalho), e isso de fato, estava me adoecendo. Percebi que não era a empresa que me obrigava a trabalhar horas intermináveis, mas eu mesma não conseguia colocar limite no trabalho. Aceitava demandas infinitas sempre na expectativa de agradar minha liderança. O sentimento de insegurança me fazia querer entregar tudo com perfeição, sem deixar margem para críticas ou trabalhos incompletos.

Decidi buscar terapia, e esse foi o início da minha reconstrução. A partir daí, desenhei um novo futuro, com outra perspectiva e um único objetivo: viver uma vida mais leve. Hoje, sou psicóloga clínica referência em minha área, tenho ajudado muitas pessoas a viverem uma vida alinhada com seus valores, sem renunciarem suas carreiras e ambições profissionais e, ao mesmo tempo, priorizando o cuidado emocional e físico.

O que me mantém seguindo nesse trabalho é saber que a nossa sociedade tem adoecido cada vez mais no ambiente corporativo, principalmente no cenário pós-pandemia. Com o trabalho remoto, a mente não tem descanso, respira-se trabalho por todos os cantos da casa e qualquer momento é oportuno para responder mais um *e-mail*. Com isso, os vínculos sociais ficam esquecidos, os momentos com a família acontecem pontualmente e nunca sobra tempo para cuidar da saúde física. Afinal, a culpa por deixar o trabalho para cuidar da saúde é imensa.

A motivação relacionada à carreira não é justificada apenas por fatores econômicos de sobrevivência, mas principalmente em razão de realização pessoal, autoestima e bem-estar. Ou seja, o trabalho está diretamente relacionado a crenças de eficácia pessoal, mais conhecidas como: autoeficácia.

A autoeficácia é a crença que os indivíduos têm sobre suas capacidades e motivações em realizar tarefas para atingir objetivos ao longo da vida. Pessoas com baixa autoeficácia ocupacional acreditam ter pouca capacidade para resolverem determinada situação e, para isso, adotam estratégias disfuncionais para aliviar a tensão. Com pensamentos de incapacidade que as levam ao perfeccionismo, muitas acabam hipercompensando, definindo altos padrões de desempenho, acarretando excesso de trabalho e alto nível de estresse. Pessoas com esse perfil tornam-se mais vulneráveis ao desenvolvimento da Síndrome de *Burnout*.

De acordo com a Classificação Internacional de Doenças (CID-11) (OMS, 2022), a Síndrome de *Burnout* é um estresse crônico relacionado ao trabalho, caracterizado por:

- esgotamento físico e emocional que não melhora com o descanso;
- atitude negativa ou cínica em relação ao trabalho, levando ao distanciamento emocional em relação a ele;
- sensação de ineficácia e falta de realização profissional.

Esse conjunto de sintomas são a resposta a uma exposição prolongada ao estresse laboral que afeta não só o desempenho no trabalho, mas também as relações familiares e pessoais.

O diagnóstico é feito por um profissional da área da saúde e o tratamento inclui acompanhamento multidisciplinar com psicólogos e psiquiatras. O psicólogo auxilia na identificação e modificação de padrões disfuncionais, enquanto o psiquiatra pode atuar com suporte medicamentoso quando necessário.

Na prática, algumas estratégias essenciais incluem:

- **estabelecer limites claros**: definir horários de trabalho e descanso;
- **praticar autocuidado**: incorporar exercícios físicos, boa alimentação e sono adequado;
- **cultivar relações saudáveis**: manter conexões com amigos e familiares;
- **reavaliar a relação com o trabalho**: alinhar atividades profissionais e valores pessoais;
- **atenção plena**: usar técnicas como *mindfulness* para gestão do estresse;
- **autoconhecimento**: o profissional ajuda a pessoa a identificar os padrões de comportamento que mantêm a sobrecarga e aumentam o nível de estresse, e propõe intervenções comportamentais para lidar com as distorções cognitivas.

Não há como negar que ambições profissionais são importantes para o bem-estar, e é por isso que focar na prevenção do quadro de *burnout* se faz necessário. Isso é possível com o estabelecimento de metas reais e atingíveis, que funcionam como motivadores para o desempenho e ajudam a aumentar o senso de autoeficácia individual e coletiva. Afinal, o sucesso em atingir metas desafiadoras aumenta as crenças das pessoas sobre a sua capacidade. Além disso, não deixar de cuidar da saúde física e emocional, e cultivar a convivência social são iniciativas que contribuem para a prevenção desse quadro e para uma vida com mais qualidade.

Agora, imagine uma roda-gigante em que cada assento representa um aspecto da sua vida: trabalho, relações pessoais e saúde mental. Para que a roda-gigante gire suavemente e você desfrute da vista lá do alto, todos os assentos precisam estar equilibrados. Se um dos assentos estiver mais pesado, seja pelo excesso de trabalho, problemas nas relações pessoais ou falta de cuidado com a saúde física e mental, a roda começa a girar de forma irregular, tornando o passeio desconfortável e até perigoso. Então, lembre-se de que o trabalho deve ser um meio para uma vida plena, e não uma fonte de sofrimento. Por isso, se você sente que o trabalho está drenando sua energia e felicidade, talvez seja o momento de recalcular a rota. O caminho para uma vida mais leve começa com pequenas mudanças. Você merece uma rotina em que há espaço para sua carreira, mas também para sua saúde, relações e bem-estar.

Que este capítulo seja um convite para reencontrar o equilíbrio e construir uma vida que realmente valha a pena. Estou aqui para guiá-lo(a) nessa jornada.

BIBLIOGRAFIA

ORGANIZAÇÃO MUNDIAL DA SAÚDE (OMS). Classificação Internacional de Doenças para estatísticas de mortalidade e morbidade (CID) (11ª Revisão). 2022. Disponível em: https://www.who.int/classifications/classification-of-diseases. Acesso em: 23 abr. 2025.

SÍNDROME de burnout acomete 30% dos trabalhadores brasileiros. *Jornal da USP*, São Paulo, out. 2023. Disponível em: https://encurtador.com.br/HCUjh. Acesso em: 23 abr. 2025.

“Não abra mão da sua carreira nem do seu bem-
-estar emocional. Tenha os dois.”

Gabriela Borba

Getúlio Fiuza

Getúlio Fiuza, filho amado de Deus, casado com a Paula, pai da Júlia, da Ana Clara e do Getúlio Daniel. Sou *master coach*, especializado em Neurociência e performance humana, palestrante, mentor e escritor, dedicado ao desenvolvimento pessoal e à inteligência emocional. Com vasta experiência como *coach* e palestrante, impactei a vida de milhares de pessoas por meio de treinamentos, mentorias e conteúdos inspiradores. Apaixonado e movido por transformar desafios em oportunidades, compartilho neste livro uma abordagem profunda para a Neurociência e os mistérios da mente.

Minha missão é ajudar pessoas a se compreenderem e liberarem seu potencial máximo, conquistando uma vida com realização, sentido e propósito.

@ getuliofiuza

✉ getuliofiuza@gmail.com

UM OLHAR PARA
A SAÚDE
MENTAL
Caminhos para uma vida equilibrada

NEUROCIÊNCIA E OS MISTÉRIOS DA MENTE

14

Por Getúlio Fiuza

> O cérebro não é apenas um receptor passivo da realidade; ele a constrói ativamente.
> (David Eagleman, 2011)

Se olharmos para o céu em uma noite sem nuvens, veremos bilhões de estrelas cintilando, formando um espetáculo cósmico que nos faz lembrar sobre a vastidão do Universo. No entanto, há um universo ainda mais enigmático e fascinante dentro de cada um de nós: o cérebro humano. Composto de cerca de 86 bilhões de neurônios interconectados, ele possui cerca de 150 trilhões de conexões sinápticas, mais do que todas as estrelas da Via Láctea (Goriely, 2025). Esse órgão aparentemente frágil, com menos de 1,5 kg de massa, é a sede da consciência, da memória, das emoções e das decisões que moldam nossa existência. É responsável pela recepção, codificação e decodificação dos estímulos que chegam até ele por meio dos cinco sentidos — visão, audição, tato, olfato e paladar —, atribuindo significado a nossas emoções, pensamentos, percepções e, acima de tudo, pela autoconsciência — a capacidade de reconhecer a própria existência e refletir sobre ela.

Autoconsciência

Autoconsciência é a capacidade de se ver de forma clara e objetiva por meio da reflexão e da introspecção. Sua ausência é entendida como uma das razões pelas quais muitas pessoas não conseguem obter maior sucesso. Entretanto, você não pode simplesmente entrar em uma loja e comprar autoconsciência.

Assim como um músculo, ela precisa ser desenvolvida: primeiro, é preciso estar ciente de seu porte e depois aprender como aumentá-la gradativamente.

A autoconsciência é um dos cinco blocos de construção necessários à inteligência emocional, juntamente com a autorregulação, as habilidades sociais, a empatia e a motivação (Chopra, 2004). Embora muitas pessoas acreditem que são autoconscientes, apenas 10% a 15% delas realmente possuem essa capacidade (Goleman, 2001), que vai além do reconhecimento emocional, abrangendo corpo, mente e relacionamentos. Ela inclui a conexão com a vida e com o ecossistema a partir de uma visão holística do indivíduo, visando à promoção de seu equilíbrio e bem-estar (Damásio, 1996).

A capacidade de ser autoconsciente é considerada uma diferença fundamental entre humanos e outras espécies, consistindo em um dos maiores enigmas da Neurociência. Como podemos pensar sobre nós mesmos, refletir sobre nossas ações e até antecipar nossas emoções? A autoconsciência é resultado da interação entre diversas partes do cérebro, especialmente o córtex pré-frontal e o sistema límbico. Segundo Eagleman (2011, p. 103), "nossa mente é construída sobre a interação entre corpo, emoção e razão".

Percepção da realidade

O que é que percebemos? Qual é a relação entre a "coisa em si", a sensação que temos dela e o nosso entendimento? Existe uma realidade externa separada de nossas sensações? Eagleman (2011, p. 103) explica que "nossa experiência subjetiva é o resulstado de processos neurais que ocorrem nos bastidores, moldando o que chamamos de realidade". Ou seja, vemos o que o cérebro nos permite ver. A nossa percepção da realidade é o produto do encontro entre o que sentimos internamente e o que vivemos externamente, sofrendo, portanto, influências do nosso corpo, cultura e mente.

Razão e emoção

A experiência da emoção — mesmo em um nível subconsciente — tem uma influência poderosa nas faculdades neurais responsáveis pelas tomadas de decisão racionais. Evidências para essa afirmação vieram principalmente de estudos em pacientes com danos em partes do córtex pré-frontal orbital e medial, bem como pacientes com lesão ou doença envolvendo a amígdala. Acreditava-se que razão e emoção eram opostas. No entanto, a Neurociência demonstrou que essas duas forças são complementares (Damásio, 1996, p. 173).

O sistema límbico (especialmente a amígdala) processa emoções de forma rápida e instintiva, enquanto o córtex pré-frontal analisa e regula essas emoções antes de tomarmos uma decisão. Portanto, para a tomada de decisões eficazes, acionamos de alguma forma as emoções e elas desempenham um papel fundamental, pois influenciam nosso julgamento e ajudam a dar significado às experiências. Por exemplo, pessoas com danos no córtex pré-frontal podem ter dificuldades em tomar decisões, mesmo que suas funções cognitivas estejam preservadas, porque não conseguem processar as consequências emocionais das escolhas.

O pensamento racional e analítico é frequentemente visto como o padrão-ouro quando se trata de tomada de decisões. No entanto, o cérebro racional é responsável por apenas 5% a 10% de nossa tomada de decisão (Naqvi; Shiv; Bechara, 2006). "As emoções têm uma influência profunda em nossas decisões e nãotemos consciência disso" (Jung-Beeman, 2004). O equilíbrio entre razão e emoção também afeta a criatividade, um dos aspectos mais fascinantes da mente humana.

A criatividade

É um mito que o hemisfério direito do cérebro é responsável pela criatividade, enquanto o esquerdo não contribui para isso. Embora a criatividade esteja mais no neocórtex, ela envolve todo o cérebro, não apenas um lado. A criatividade não é exclusiva de artistas ou gênios — ela é um produto do cérebro humano e pode ser desenvolvida. Você pode ter ouvido dizer que todo mundo é criativo. No entanto, muitos de nós perdemos essa confiança criativa à medida que passamos da adolescência para a idade adulta. O medo é o maior obstáculo à criatividade. Em vez de criar algo, podemos estar contidos, sob o controle das emoções negativas do sistema límbico.

Eureka, quando há uma compreensão repentina de um problema ou quando uma ideia surge, um eletroencefalograma registra um pico intenso de atividade gama, aproximadamente 300 milissegundos antes da percepção consciente da resposta. Essa atividade reflete a conexão entre neurônios, formando uma nova rede neuronal à medida que uma nova associação se estabelece (Kounios, 2015). Ou seja, "A criatividade não é um sistema, mas muitos mecanismos diferentes que, em circunstâncias ideais, trabalham juntos de forma perfeita" (Wallas, 1926, p. 150).

O processo criativo envolve etapas como a identificação do problema, a coleta de informações, um período de incubação para o surgimento de *insights* e a implementação da ideia, adaptadas como definição do problema, imersão, incubação e execução (Doidge, 2015). Além disso, a criatividade está intimamente ligada à neuroplasticidade — a capacidade de o cérebro se modificar com a experiência.

Neuroplasticidade e formação de hábitos

A neuroplasticidade permite que o cérebro se reorganize ao longo da vida. Isso explica por que conseguimos aprender novas habilidades, superar traumas e modificar padrões mentais. Nossos hábitos podem influenciar significativamente a neuroplasticidade e vice-versa. Comportamentos repetidos reforçam as vias neurais, tornando esses comportamentos mais automáticos e arraigados. Isso pode ser benéfico ou prejudicial, dependendo da natureza do hábito. Dormir bem, exercitar-se, praticar a resiliência, relaxar, treinar a memória e manter conexões sociais são exemplos de hábitos essenciais para preservar a saúde do cérebro e reduzir o risco de doenças neurodegenerativas. Por outro lado, maus hábitos podem deteriorar a saúde mental. Abuso de certas substâncias, dieta ruim, falta de exercícios e estresse estão fortemente ligados a problemas de saúde mental.

Os neurônios que disparam juntos se conectam. Isso significa que, quanto mais repetimos um pensamento ou comportamento, mais forte se torna essa conexão neural. Esse princípio é a base da formação de hábitos. “Cerca de 40% do nosso comportamento diário é baseado em hábitos inconscientes” (Wood, 2019). Isso significa que grande parte do que fazemos não é resultado de decisões racionais, mas sim de padrões já consolidados. A boa notícia é que hábitos podem ser reconfigurados. A repetição consciente de novos comportamentos fortalece novas conexões neurais, substituindo padrões antigos.

Conclusão

O cérebro humano não apenas registra a vida, ele é capaz de inventar, reinventar, interpretar e dar significado para cada experiência captada pelos cinco sentidos. Somos muito mais que padrões antigos. Somos possibilidades vivas de transformação constante.

Cada pensamento que escolhemos nutrir, cada emoção que escolhemos curar, cada hábito que ousamos mudar desenha novas rotas em nossa mente, que chamamos de metanoia — e, com elas, novos caminhos para a nossa existência, por meio da neuroplasticidade.

A grande descoberta da Neurociência é que podemos não apenas conhecer essa maravilhosa engrenagem chamada cérebro, mas que podemos recomeçar.

A ótima notícia é que, enquanto houver vida, haverá em nós o poder silencioso e sublime de mudar e de nos tornarmos quem realmente somos.

BIBLIOGRAFIA

CHOPRA, D. *O poder da consciência.* Rio de Janeiro: Alta Books, 2004.

DAMÁSIO, A. R. *O erro de Descartes*: emoção, razão e o cérebro humano. Tradução de Dora Vicente e Georgina Segurado. São Paulo: Companhia das Letras, 1996.

DOIDGE, N. *The Brain that Changes Itself*: Stories of Personal Triumph from the Frontiers of Brain Science. New York: Viking, 2015.

DUHIGG, C. *The Power of Habit*: Why We Do What We Do in Life and Business. New York: Random House, 2012.

EAGLEMAN, D. *Incognito*: the Secret Lives of the Brain. New York: Pantheon Books, 2011.

GOLEMAN, D. Inteligência emocional: problemas na construção de paradigmas. *In*: CHERNISS, C.; GOLEMAN, D. (ed.). *O local de trabalho emocionalmente inteligente.* San Francisco: Jossey-Bass, 2001.

GORIELY, A. Resposta: sim, o cérebro humano tem cerca de 86 bilhões de neurônios. *Brain*, 2025. Disponível em: https://doi.org/10.1093/brain/awaf049. Acesso em: 28 abr. 2025.

JUNG-BEEMAN, M. *et al.* Neural Activity When People Solve Verbal Problems With Insight. *PLoS Biology*, v. 2, n. 4, 2004. Disponível em: https://doi.org/10.1371/journal.pbio.0020097. Acesso em: 28 abr. 2025.

KOUNIOS, J.; BEEMAN, M. *O fator eureka*: momentos aha, insight criativo e o cérebro. New York: Random House, 2015.

NAQVI, N.; SHIV, B.; BECHARA, A. The Role of Emotion in Decision Making. *Current Directions in Psychological Science*, v. 15, n. 5, p. 260-264, 2006.

SIMONS, D. J.; CHABRIS, C. F. Gorillas in Our Midst: Sustained Inattentional Blindness for Dynamic Events. *Perception*, v. 28, n. 9, p. 1059-1074, 1999.

WALLAS, G. *The art of thought.* London: Jonathan Cape, 1926.

WOOD, W. *Good habits, Bad Habits*: The Science of Making Positive Changes That Stick. New York: Farrar, Straus and Giroux, 2019.

"A inconsciência alivia,
alimenta temporariamente,
mas escraviza; a
autoconsciência dói,
incomoda, mas o conduz
à liberdade."

Getúlio Fiuza

Giuliana Cabral

Meu nome é Giuliana Cabral, criadora do perfil Giu De Bem, em que ajudo pessoas — especialmente mulheres — a ficarem de bem com elas mesmas, mesmo com um transtorno mental. Sou mãe do Lucca, um menininho incrível que transformou minha vida, e casada com o amor da minha vida.

Desde 2013, compartilho minha história. Hoje alcanço mais de um milhão de pessoas por mês. Minha trajetória é marcada pelo transtorno bipolar e pelo transtorno obsessivo-compulsivo (TOC), que me acompanham desde a infância. Já tentei acabar com a minha vida várias vezes. Mas o tratamento certo me salvou e continua salvando todos os dias.

Minha missão é levar essa mensagem para o mundo: a estabilidade existe. Sei que pode parecer mágica, mas não é. É tratamento assertivo. E eu estou aqui para mostrar que é possível viver além do diagnóstico.

giudebem

giudebem

QUEBRANDO TABUS PARA VIVER DE BEM CONSIGO MESMO

15

Por Giuliana Cabral

Falar sobre transtornos mentais ainda é um tabu. Para muitas pessoas, é mais fácil acreditar em estereótipos do que enxergar a realidade complexa e multifacetada que envolve essas condições. Durante anos, a pessoa com transtorno mental era vista como alguém incapaz, perigosa ou até mesmo indigna de uma vida plena. Infelizmente, essa visão errônea persiste. Eu mesma cresci ouvindo que "era frescura", que eu era "dramática demais", e que "todo mundo tem seus altos e baixos" — uma minimização dolorosa que não reconhece a batalha interna enfrentada por muitos — quando, na verdade, eu lutava diariamente contra esses olhares e palavras, travando uma batalha interna avassaladora, repleta de desafios. O que me manteve de pé foi o tratamento e, principalmente, a decisão corajosa de usar minha própria história para transformar outras vidas.

Desde que me entendo por gente, as crises do transtorno bipolar fazem parte da minha vida. Minha primeira ideação suicida foi aos 12 anos. Esse período da infância, que deveria ser sobre descobertas e alegrias, para mim era marcado por uma escuridão opressora. Ao longo do tempo, passei por incontáveis tentativas e ideações, enfrentando muitos momentos de desespero, para os quais acreditava que nunca encontraria uma saída, uma luz no fim do túnel, sabe? Foi um caminho árduo e, muitas vezes, solitário, mas o tratamento correto salvou minha vida e continua salvando todos os dias. Hoje, aos 28 anos, sei que estar estável não significa estar curada. É importante frisar que, no contexto dos transtornos mentais, não falamos em cura no sentido tradicional, mas sim em encontrar um espaço para uma vida plena, equilibrada e realmente feliz.

Para que você também não se sinta cercado(a) de preconceito, vou explicar rapidamente o que acontece comigo. O transtorno bipolar é um transtorno mental caracterizado por oscilações extremas de humor, que vão desde episódios de depressão profunda até períodos de euforia intensa, conhecidos como mania ou hipomania. Essas mudanças não são simples variações de humor do dia a dia, mas estados que afetam profundamente o comportamento, a energia e a capacidade de funcionamento da pessoa em diversas áreas da vida. Existem diferentes tipos de transtorno bipolar, que podem se manifestar de maneira distinta. Por exemplo, temos o tipo 1, que inclui episódios de mania e depressão, enquanto o tipo 2 se refere a episódios de hipomania e depressão. A ciclotimia, por outro lado, abrange oscilações mais leves, mas persistentes.

Todos os dias, busco quebrar mitos sobre saúde mental, especificamente sobre o transtorno bipolar. Estes são alguns equívocos que encontro frequentemente:

1. "Bipolaridade é só mudar de humor rápido." Na verdade, as oscilações do transtorno duram dias, semanas ou até meses, e não são mudanças repentinas, de minutos. Essas fases podem impactar não apenas a vida emocional, mas também social e profissional de quem as vivencia.

2. "Quem tem transtorno bipolar não pode trabalhar ou ter uma vida normal." Com o tratamento certo, muitas pessoas levam vidas produtivas, felizes e equilibradas. É vital mostrar que é possível alcançar objetivos profissionais e manter relacionamentos saudáveis, apesar dos desafios.

3. "Tomar remédio deixa a pessoa dopada." A medicação, quando ajustada corretamente, melhora a qualidade de vida e ajuda a estabilizar o humor, sem roubar a personalidade de ninguém. Infelizmente, a falta de compreensão sobre o uso de medicamentos contribui para o estigma ao redor de sua utilização.

4. "Transtorno bipolar é frescura." Essa é uma das afirmações mais desrespeitosas. O transtorno bipolar é uma condição neurológica séria, reconhecida pela ciência, que requer tratamento adequado e respeito. Afinal, tratar a saúde mental é tão importante quanto cuidar da saúde física.

A sociedade ainda vê o transtorno mental como um sinal de fraqueza, um detalhe incômodo que pode ser ignorado ou resolvido com "força de vontade". Pessoas que, como eu, convivem com transtorno bipolar e TOC enfrentam julgamentos diários. Mas não são apenas esses dois diagnósticos: qualquer transtorno mental ainda é envolto por uma cortina de desinformação e preconceito.

Quando comecei a expor minha história na internet, percebi quanto a desinformação machuca. Comentários cruéis, julgamentos e ataques infelizmente ainda são comuns. Dizem que quem tem transtorno bipolar não pode ser mãe, não pode trabalhar, não pode ser feliz. E o pior: muitas dessas falas vêm disfarçadas de opinião, mas, na realidade, são mentiras que ferem o nosso direito à vida. São opiniões que falam que nossa vida não vale a pena ser vivida, quando, na verdade, qualquer vida é. Todos merecem viver com dignidade, respeito e, principalmente, acesso ao tratamento correto.

O preconceito faz com que muitas pessoas desistam de buscar ajuda e passem a acreditar que estão condenadas ao sofrimento eterno. Eu mesma, até meus 23 anos, vivi com a sensação de que nunca teria paz. O peso da falta de informação me fez duvidar da minha capacidade de viver uma vida estável, mas a verdade é que a estabilidade existe. E ela não é um milagre, não acontece sozinha, é fruto de um tratamento assertivo, estruturado e acompanhado por profissionais.

O tratamento salvou minha vida. Todos os dias, sigo um plano que envolve medicação, terapia, rotina de sono e hábitos saudáveis. Não existe fórmula mágica, mas ciência. A Psiquiatria e a Psicologia evoluíram muito ao longo das últimas décadas, a partir de abordagens mais eficazes e humanizadas para quem convive com transtornos mentais. Os avanços na Neurociência mostram cada vez mais que essas condições têm bases biológicas e necessitam de um olhar médico e terapêutico adequado.

Essa é a mensagem que levo às pessoas. Por meio dos meus conteúdos e produtos digitais, já impactei e transformei a vida de milhares. Todos os dias, recebo mensagens dizendo que, por causa de um vídeo meu, alguém buscou ajuda. Que alguém decidiu dar uma chance ao tratamento. Que aquela pessoa está viva porque viu alguém que passou pelo que ela também passa e conseguiu melhorar. Esse é o poder da representatividade. Ver alguém vivendo bem com um transtorno mental abre portas para a esperança, algo que tantas pessoas precisam resgatar em suas vidas.

Mas estar exposta também significa enfrentar desafios. Conviver com ataques e preconceito na internet exige muita resiliência, coisa que conquistei ao longo dos anos. Precisei aprender a não absorver o ódio alheio, porque sei que minha missão é maior do que isso. Sei que, enquanto alguns me criticam, muitos outros têm suas vidas mudadas pelo que compartilho, e é neles que está o meu foco.

A desinformação é uma das maiores inimigas da saúde mental, e combater isso é um trabalho contínuo e necessário.

Quebrar tabus é um processo difícil, mas essencial. É trazer luz para aquilo que foi mantido nas sombras por muito tempo. Durante décadas, as pessoas com transtornos mentais foram silenciadas, marginalizadas e excluídas. Muitas foram internadas contra a própria vontade, outras perderam oportunidades de trabalho, e várias viveram isoladas por vergonha ou medo do julgamento. Hoje, temos voz. E essa voz precisa ecoar, precisa transformar, precisa libertar. Precisamos falar sobre transtornos mentais sem medo, com responsabilidade e empatia. Quem tem transtorno mental pode, sim, ter uma vida plena. Pode ser mãe, pode trabalhar, pode ser feliz. A estabilidade é possível, e cada vez mais pessoas precisam saber disso.

Muitas vezes, os tabus e preconceitos vêm da falta de conhecimento. A sociedade precisa entender que transtornos mentais não são uma escolha, e que ninguém opta por viver em sofrimento. O cérebro é um órgão como qualquer outro, e, assim como tratamos o coração, os pulmões ou qualquer outra parte do corpo, precisamos tratar nossa saúde mental com a mesma seriedade. A ciência avança cada vez mais e mostra que transtornos como bipolaridade, TOC, depressão e ansiedade são condições psiquiátricas, influenciadas por fatores genéticos, químicos e ambientais. Precisamos disseminar essas informações e desmistificar a ideia de que tratar a saúde mental é um sinal de fraqueza.

Outro tabu que precisa ser quebrado é a ideia de que medicação é um problema. Infelizmente, ainda existe um grande estigma em torno do uso de medicamentos psiquiátricos. Muitas pessoas têm medo de buscar ajuda porque acreditam que vão se tornar dependentes ou perder a própria identidade. A verdade é que, para muitos de nós, a medicação é um recurso essencial para a estabilidade. Ela não nos transforma em outras pessoas. Pelo contrário, permite que sejamos quem realmente somos, sem a interferência de sintomas debilitantes. Precisamos normalizar essa conversa para que mais pessoas tenham coragem de buscar o tratamento correto sem medo do julgamento.

A desmistificação da saúde mental passa também pela linguagem que usamos. Muitas expressões cotidianas reforçam estereótipos sem que a gente perceba. Frases como “fulano é bipolar porque muda de humor rápido” banalizam transtornos sérios e dificultam a compreensão real dessas condições. Pequenas mudanças na maneira como falamos podem fazer uma grande diferença na forma como a sociedade enxerga essas questões.

Se você tem um transtorno mental, saiba que não está sozinho. O tratamento pode transformar sua vida, assim como transformou a minha. Procure ajuda, busque informação e lembre-se: a estabilidade parece mágica, mas não é. É tratamento assertivo.

Quebrar tabus é desconfortável, mas continuar no silêncio é ainda pior. Vamos juntos mudar essa realidade. Vamos falar sobre saúde mental com responsabilidade, acolhimento e empatia. Precisamos de um mundo em que ninguém tenha medo de buscar ajuda. A chave para essa mudança está no conhecimento, no acesso a tratamentos adequados e na construção de uma sociedade mais informada e menos julgadora. O tratamento certo salva vidas.

“Quebrar tabus sobre saúde mental salva vidas — e começa com a coragem de falar sobre o que ninguém quer ouvir.”

Giuliana Cabral

Ingrid Fanti Zanon

Meu nome é Ingrid Fanti Zanon, natural de Vitória/ES, filha do meio de uma mãe de trigêmeos. Sou casada com Alan. Formada em Medicina pelo Centro Universitário do Espírito Santo (UNESC) e pós-graduada em Psiquiatria pela Afya. Sempre muito ansiosa, enfrentei um quadro de depressão que transformou minha vida. O cuidado recebido nesse período e a forma como consegui me reerguer inspiraram-me a buscar a Medicina e abraçar a Psiquiatria com o objetivo de oferecer a outros o mesmo acolhimento que tive. Hoje, dedico-me a proporcionar aos meus pacientes um cuidado integrativo, empático e humanizado, auxiliando-os na melhoria da saúde mental e na busca por equilíbrio e bem-estar. Espero que minha trajetória os inspire a buscar ajuda, acreditar na recuperação e redescobrir o poder de viver plenamente.

ingridfantizanon
+55 (27) 99767-6894
ingridzanon@hotmail.com

ANSIEDADE: RESPOSTA NATURAL E TIPOS DE TRANSTORNO

16

Por Ingrid Fanti Zanon

Que atire a primeira pedra quem nunca perdeu uma noite de sono por causa de uma preocupação, ficou nervoso com uma entrevista de trabalho ou com frio na barriga em um primeiro encontro. A ansiedade é uma resposta natural do organismo e é completamente normal e esperado senti-la em episódios pontuais e justificáveis (por exemplo, antes de eventos importantes). Ela se torna um problema à medida em que evolui com preocupações constantes e prejuízos.

O que é a ansiedade — desvendando o conceito e impacto no mundo moderno

Há algumas décadas, os transtornos de ansiedade têm ganhado destaque devido ao aumento significativo nos diagnósticos. O ritmo acelerado da vida moderna, aliado ao uso excessivo de tecnologia e ao constante bombardeio de informações, as pressões sociais e profissionais, a sobrecarga de tarefas e os desafios enfrentados na vida cotidiana são algumas das causas dessa tendência preocupante. O estilo de vida frenético que muitas pessoas levam é um fator importante para o crescimento da ansiedade e o desenvolvimento de transtornos mentais. A busca incessante por produtividade, o hábito de lidar com várias demandas ao mesmo tempo e a rotina muitas vezes limitada ao trabalho e ao lar, sem momentos dedicados ao descanso e ao lazer, caracterizam a realidade de muitos. Vivendo no "piloto automático", muitas pessoas tentam suportar a sobrecarga imposta tanto pela sociedade quanto por elas mesmas, em uma contínua procura pelo sucesso, sem dar devida atenção aos detalhes da vida e às próprias emoções. Dessa forma, momentos de lazer e repouso são frequentemente negligenciados e, quando vivenciados, podem até despertar um sentimento de culpa, reforçado pela pressão social de que devemos estar sempre produzindo.

A crescente impaciência e o imediatismo têm se tornado características marcantes de grande parte da sociedade contemporânea. Muitas ações são realizadas sem planejamento, movidas por impulsos na busca por resultados rápidos e, quando falham, desencadeiam frustração, inferioridade e ansiedade pela sensação de não ser capaz de acompanhar as expectativas sociais. A tecnologia, apesar de trazer inúmeros benefícios, também desempenha um papel relevante no aumento da ansiedade. A exposição constante a redes sociais e dispositivos eletrônicos, seja pelo excesso de notícias ruins ou o acompanhamento de perfis com "vidas perfeitas", pode levar a comparações, dúvidas existenciais, baixa autoestima e uma sensação de desconexão com o mundo real.

Como o organismo reage diante de situações estressantes: reação de luta ou fuga

A ansiedade é uma emoção natural e comum que todos experimentamos em algum momento da vida. É uma reação adaptativa de defesa do organismo frente a perigos e possíveis ameaças, extremamente necessária para a sobrevivência do ser humano. Atua como um sinal de alarme, preparando nosso corpo para "lutar ou fugir" se for necessário, consistindo em um fator evolutivo de proteção, observado desde os primórdios da humanidade. Essa reação prepara o corpo para enfrentar uma ameaça percebida, seja ela real ou imaginária. Em situações modernas, no entanto, esse mecanismo pode ser acionado por fatores como sobrecarga de trabalho, situações de vida estressantes (divórcio, traumas, relacionamentos conturbados, luto, mudanças) e até mesmo preocupações financeiras, que não representam uma ameaça física, mas ainda assim geram um estresse emocional significativo.

A resposta de luta ou fuga começa com o reconhecimento de um perigo pelo cérebro, como uma situação de risco de vida ou um fator de estresse emocional. Assim, o cérebro envia sinais para a amígdala — estrutura envolvida no processamento de emoções como o medo e a raiva. Ao detectar a ameaça, ela envia sinais para o hipotálamo, que, por sua vez, ativa o sistema nervoso simpático, parte do sistema nervoso autônomo — responsável por controlar as funções involuntárias do corpo — e o eixo-hipotálamo-hipófise-adrenal, que irá regular a liberação de hormônios como o cortisol e a adrenalina. Essa ativação desencadeia uma série de respostas fisiológicas, como o aumento da pressão arterial e da frequência cardíaca e respiratória, a dilatação das pupilas, maior fluxo sanguíneo para os músculos e a redução da atividade digestiva e de funções não essenciais, para evitar gastos de energia desnecessários naquele momento. Também podem ocorrer sintomas físicos, como desconforto torácico, sudorese, tremores, tensão muscular, boca seca, falta de ar, entre outros. Quando esse mecanismo é acionado de forma excessiva ou inadequada, resulta em transtornos como a ansiedade crônica.

Classificação dos transtornos de ansiedade e sintomas

Como vimos, a ansiedade existe em nossa vida de forma natural, porém quando as preocupações se tornam excessivas, persistentes, sem causa aparente ou desproporcionais ao estímulo, e começam a interferir na qualidade de vida da pessoa causando prejuízos, ela passa a ser patológica, configurando-se como um transtorno de ansiedade.

Os transtornos de ansiedade englobam doenças caracterizadas pelo medo e ansiedade excessivos, frequentemente acompanhados de alterações comportamentais, e se diferenciam pelos objetos ou situações que desencadeiam o desconforto, bem como pelo conteúdo dos pensamentos e crenças associados. Além disso, possuem alta taxa de comorbidade, ou seja, é comum que um mesmo paciente receba o diagnóstico de mais de um transtorno de ansiedade simultaneamente, o que exige uma abordagem cuidadosa e individualizada. A seguir, exploraremos os principais transtornos ansiosos e suas particularidades.

O transtorno de ansiedade generalizada (TAG) é o mais frequente na população brasileira, caracterizado por preocupações excessivas e constantes com múltiplas questões do dia a dia, ou um temor exacerbado de que o pior aconteça em relação a eventos ou atividades habituais. A intensidade, duração ou frequência da ansiedade, e a preocupação são desproporcionais à probabilidade real ou ao impacto do evento temido. Os indivíduos com TAG têm dificuldade em controlar esses pensamentos, geralmente associados a sintomas como inquietação, irritabilidade ou sensação de "nervos à flor da pele", fadiga, dificuldade de concentração ou lapsos de memória ("brancos na mente"), tensão muscular e insônia. Além disso, muitos pacientes também apresentam sintomas somáticos, como sudorese, náusea, diarreia, dor de cabeça e uma resposta de sobressalto exagerada. São pessoas que frequentemente antecipam cenários catastróficos, acreditando que tudo pode dar errado, o que gera um sofrimento significativo e constante e impacta na qualidade de vida.

No transtorno de pânico (TP) ocorrem ataques recorrentes e inesperados, que podem se suceder a partir de estímulos específicos ou sem um gatilho aparente. São ataques abruptos, de medo intenso, que atingem um pico em poucos minutos, acompanhados de alguns sintomas físicos como taquicardia, sudorese, tremores, falta de ar, dor ou desconforto torácico, náusea, tontura, calafrios, dormência e medo de perder o controle, "enlouquecer" ou morrer. A frequência e a gravidade dos ataques são variáveis, mas eles podem ser tão intensos que o indivíduo desenvolve preocupações persistentes em relação a um novo ataque ou suas consequências e acaba realizando alterações comportamentais na tentativa de evitar uma nova crise (por exemplo, reorganização da vida diária para garantir que haja ajuda disponível no caso de um ataque de pânico e restrição das atividades diárias habituais com esquiva de situações desconhecidas ou que possam gerar ansiedade). Vale lembrar que apesar de estarem presentes no transtorno de pânico, os ataques de pânico se destacam nos transtornos de ansiedade como um tipo particular de resposta ao medo e não estão limitados a esse transtorno, podendo ser vistos também em outros transtornos mentais.

No transtorno de ansiedade social (TAS), também conhecido como fobia social, o aspecto essencial é medo ou ansiedade intenso que surge em situações de interação social ou de desempenho em que o indivíduo é exposto a possível avaliação por outras pessoas. Os sintomas podem se manifestar em ocasiões como falar em público, participar de palestras ou reuniões, interagir com pessoas desconhecidas ou até mesmo ser observado enquanto come ou bebe. O indivíduo com TAS costuma se preocupar excessivamente com a possibilidade de que sua conduta ou sinais de ansiedade (como ruborizar, tremer, transpirar ou tropeçar nas palavras) causem constrangimento, humilhação, rejeição ou avaliações negativas. Tem receio sobre o que as pessoas vão dizer ou pensar em relação a ele. Esse temor constante sobre o julgamento alheio frequentemente leva à evitação de situações sociais relevantes ou à vivência dessas experiências com intenso desconforto e ansiedade.

Tratamentos eficazes para a ansiedade

Existem várias opções de tratamento eficazes para a ansiedade, que podem incluir terapia cognitivo-comportamental, medicamentos, técnicas de relaxamento e mudanças no estilo de vida. Cada pessoa é única e pode responder melhor a diferentes abordagens, por isso é importante buscar ajuda profissional para determinar qual tratamento é mais adequado para você. Além do tratamento especializado, existem algumas estratégias simples que podem ajudar a gerenciar a ansiedade no dia a dia. Isso inclui praticar exercícios físicos regularmente, adotar técnicas de respiração profunda, estabelecer uma rotina de sono adequada, evitar o consumo excessivo de cafeína, estimulantes e álcool, buscar atividades relaxantes, como meditação ou ioga e praticar o autocuidado.

BIBLIOGRAFIA

AMERICAN Psychiatric Association. *Manual diagnóstico e estatístico de transtornos mentais*: DSM-V. 5. ed. Porto Alegre: Artmed, 2014.

DALGALLARRONDO, P. *Psicopatologia e semiologia dos transtornos mentais*. 3. ed. Porto Alegre: Artmed, 2019.

“Não deixe que a
ansiedade o(a) domine.
Com o auxílio e as
estratégias certas,
você pode
fazer as pazes com sua
mente e ter uma
vida plena.”

Ingric Fanti Zanon

Irene Ribeiro

Sou Irene Ribeiro da Silva Serighelli, escritora, psicanalista integrativa com linguagem do corpo, numeróloga e facilitadora de Registro Akáshico, áreas nas quais atuo. Sou bacharela em Direito pela Universidade Alto Vale do Rio do Peixe (UNIARP) e especialista com MBA em Direito Empresarial. Atualmente, sou mestranda em Psicologia Clínica e da Saúde pela Fundação Universitária Iberoamericana (Funiber) e, paralelamente, faço o curso Vivendo de palestra, da Tathi Dêandhela. Acredito na constante evolução, tanto pessoal quanto profissional, e dedico minha trajetória a transformar vidas por meio do autoconhecimento, do poder da gratidão e de práticas que promovem bem-estar e plenitude.

ire.ribeiro

+55 (49) 99903-6368

Irene Ribeiro

ireribeiro.ire@gmail.com

GRATIDÃO: UM HÁBITO PARA O BEM-ESTAR MENTAL

17

Por Irene Ribeiro

Falar sobre gratidão desperta em mim um sentimento poderoso, porque, caro leitor(a), o que você encontrará aqui não são meras teorias, mas histórias reais, vivências que provam o quanto essa prática pode transformar vidas. E se você está pronto(a) para mudar algo em sua vida que não o satisfaz, saiba que a gratidão pode ser a chave para uma verdadeira revolução interior.

Nos últimos tempos, a prática da gratidão tem conquistado espaço como uma das ferramentas mais poderosas para alcançar o bem-estar mental. Em um mundo tomado pelo estresse, pela ansiedade e pelos desafios da depressão, desenvolver o hábito de ser grato pode ser verdadeiramente transformador. Mas o que, de fato, é gratidão? Qual é o impacto real que ela pode ter na nossa mente?

Conceito

De acordo com os pesquisadores Robert Emmons e McCullough (2004), a **gratidão** é uma emoção positiva que surge quando reconhecemos e valorizamos aspectos positivos da nossa vida. É um sentimento de **apreço pelo que temos, pelas pessoas ao nosso redor e pelas experiências que vivemos**. A gratidão não se trata apenas de dizer "obrigado"; é uma atitude contínua de reconhecimento e apreciação, que faz parte de um conjunto de emoções positivas que ampliam nosso repertório de pensamentos e ações, promovendo **resiliência e bem-estar duradouros**. Os autores complementam que manter diários de gratidão pode melhorar significativamente o bem-estar mental ao fortalecer o suporte social e cultivar pensamentos positivos.

Minha história

Quando eu tinha cerca de 7 anos, minha mãe costumava me pedir para buscar algo na casa da vizinha mais próxima. Eu ia a cavalo. No caminho, havia uma curva sombria, cercada por árvores densas e um banhado. Era o lugar onde o coaxar dos sapos ecoava, e o medo tomava conta de mim. Eu atravessava aquele trecho com o coração acelerado e os olhos fechados. Um dia, disse à minha mãe que não queria ir, porque estava com medo de passar pela curva. Foi quando ela me ensinou a oração de São Jorge. Sua voz firme, porém tranquilizadora, dizia que aquela oração me protegeria de qualquer perigo e que eu não precisava ter medo se tivesse fé. E assim foi. Quando enfrentei o caminho novamente, rezei a oração que minha mãe me ensinou e senti uma coragem que nunca havia experimentado antes. De repente, o barulho dos sapos e a sombra das árvores perderam o poder de me assustar. Desde então, o medo desapareceu e, em seu lugar, nasceu algo maior: a fé.

Agora, você pode estar se perguntando: "O que isso tem a ver com gratidão?". Eu lhe respondo: **tudo**. Porque cada vez que eu chegava em casa, sã e salva, um **sentimento profundo de gratidão** por São Jorge e sua proteção invadia meu coração. Eu agradecia com tamanha fé que me sentia mais forte e encorajada. Com o passar dos anos, a gratidão permaneceu uma constante em minha vida. Sempre tive o hábito de acreditar que, por mais difíceis que as situações parecessem, havia um lado positivo em tudo.

Entretanto, como a vida sabiamente nos ensina, há ocasiões em que os desafios escapam ao nosso controle e é necessário buscar apoio e retomar as rédeas de nossas vidas. Foi em um desses períodos difíceis, com minha situação financeira em declínio e meu emocional abalado, que decidi fazer o curso Prosperidade financeira. Esse foi o divisor de águas na minha vida. Comecei a compreender profundamente a importância de agradecer, perdoar, meditar e aplicar os princípios da lei da atração. Durante as meditações e ao escrever minhas gratidões, passei a agradecer por um dinheiro que meu marido ainda estava para receber. Acreditem, ele recebeu dois anos antes do previsto e resolveu nossa vida financeira. Isso mudou a minha mentalidade e a forma como eu enxergava a vida.

Em 2022, eu me inscrevi no curso Reprogramando a fortuna em 28 dias. Foi a partir dessa experiência que me comprometi plenamente a colocar em prática tudo o que havia aprendido sobre gratidão. Depois, fiz outro curso: Mulheres prósperas. Assim como os anteriores, ele também era focado na gratidão. Todas as formações reforçaram minha conexão com essa prática e me revelaram o imenso poder transformador da gratidão como uma verdadeira ferramenta de mudança.

Evidências na Neurociência

A Neurociência explica como a gratidão age no nosso corpo: ao gerar pensamentos e sentimentos de gratidão, ativamos o sistema de recompensa do cérebro, localizado numa área chamada núcleo accumbens. Essa região é essencial para a **sensação de prazer e bem-estar**. Quando a estimulamos por meio da gratidão, há a liberação de **dopamina**, um neurotransmissor associado à **vitalidade, à motivação e ao otimismo**. Assim, o hábito de cultivar a gratidão nos torna **mais fortalecidos emocionalmente**.

Além de impactar o sistema de recompensa do cérebro, a gratidão também estimula outra via neural de grande relevância: a liberação do hormônio oxitocina, conhecido como o "hormônio do amor" ou "da conexão". Essa substância é produzida no hipotálamo e liberada na corrente sanguínea pela glândula pituitária. A oxitocina exerce um papel fundamental na promoção de **sentimentos de afeto, vínculos interpessoais e tranquilidade**. Sua presença reduz sintomas de ansiedade, diminui medos e, até mesmo, atenua fobias, oferecendo uma sensação profunda de calma e harmonia.

Outro aspecto transformador da gratidão está relacionado à neuroplasticidade, que é a capacidade do cérebro de se reorganizar e criar novas conexões neurais ao longo da vida. Ao praticar a gratidão de forma consistente, você ativa áreas cerebrais ligadas ao bem-estar e à percepção positiva. Com o tempo, essas conexões se fortalecem, modificando não apenas os padrões de pensamento, mas também a maneira como você interage com o mundo ao seu redor.

Resumindo, a gratidão pode proporcionar:

- **bem-estar mental**: estimula neurotransmissores que promovem felicidade, cultivando pensamentos positivos e melhorando o humor. Combate sentimentos de desesperança típicos da depressão;
- **relações interpessoais**: fortalece os laços de confiança e afeto, criando conexões profundas e significativas, que são essenciais em momentos de isolamento emocional;
- **resiliência**: constrói uma mentalidade positiva, permitindo enfrentar adversidades com mais força e otimismo;
- **redução do estresse**: relaxa o corpo, diminuindo a ansiedade, a depressão e os efeitos do estresse crônico;
- **satisfação com a vida**: incentiva o foco no que se possui, promovendo contentamento e plenitude;

- **prosperidade financeira**: reforça a mentalidade de abundância, atraindo oportunidades e mudando atitudes em relação ao dinheiro.

Práticas para cultivar a gratidão

Incorporar a gratidão à sua rotina pode ser o primeiro passo para transformar sua vida. Use técnicas como:

- **diário da gratidão**: dedique alguns minutos do seu dia para listar os motivos pelos quais você é grato. Essa prática simples pode criar um impacto profundo em sua mentalidade. Para potencializar os efeitos, escreva como se já tivesse conquistado aquilo que deseja ou percebido mudanças positivas em alguém. Por exemplo, em vez de escrever "sou grato por estar trabalhando", experimente "sou grato pela incrível promoção que recebi". Isso reforça uma mentalidade de abundância e estimula o cérebro a focar no que há de bom na sua vida;
- **meditação de gratidão**: reserve um tempo para refletir sobre as coisas boas em sua vida durante a meditação. Permita-se sentir a gratidão profundamente e deixe esse sentimento irradiar. Com essa prática, trabalhei aspectos importantes como o desapego, o perdão e, até mesmo, a cura de uma enfermidade;
- **carta ao universo:** escreva uma carta como se já tivesse recebido o que deseja, com gratidão e detalhes. A ideia é alinhar pensamentos e emoções positivas com suas intenções, ajudando a manifestar seus objetivos. É uma combinação de reflexão, visualização e foco no que realmente importa;
- **pedra da gratidão**: escolha uma pequena pedra que se encaixe na palma da sua mão e mantenha-a ao lado da cama. Todas as noites, antes de dormir, segure-a com firmeza e concentre-se na melhor coisa que aconteceu com você durante o dia;
- **cheque mágico**: desenhe ou utilize um cheque real e preencha-o com o valor que deseja receber. Banco: o universo. Faça o cheque nominal a você. Inclua uma data para o pagamento. Em seguida, visualize esse valor entrando em sua vida e imagine o que faria com ele, agradecendo como se já tivesse recebido. Deixe-o em um lugar onde possa visualizá-lo constantemente. Essa prática é muito mais que apenas "desejar dinheiro", ela envolve criar uma mentalidade de prosperidade;
- **prática do 33 x 3**: escolha um desejo e transforme-o em uma frase afirmativa positiva. Escreva essa frase 33 vezes por dia durante três dias consecutivos. Esse método canaliza sua intenção e reforça sua conexão com seus objetivos.

Minha jornada ilustra o poder da gratidão. Desde medos enfrentados na infância até os cursos transformadores que me ensinaram a aplicá-la em diferentes aspectos da vida, como saúde, prosperidade financeira e equilíbrio emocional. Cada prática cotidiana, seja por meio de um diário, uma meditação ou, até mesmo, um gesto de agradecimento, tornou-se uma ferramenta de autotransformação.

Conclusão

A gratidão tem impacto real na mente ao promover força diante das adversidades e estimular uma mentalidade resiliente e positiva. Ela transforma não apenas momentos, mas a essência de quem a pratica, tornando a perspectiva mais equilibrada e enriquecendo o bem-estar mental. Incorporá-la como hábito pode abrir caminho para uma vida positiva, plena e próspera.

Indico como leitura o livro de Napoleon Hill, *Pense e enriqueça.*

BIBLIOGRAFIA

EMMONS, R. A.; MCCULLOUGH, M. E. *The Psychology of Gratitude.* Oxford: Oxford University Press, 2004. Disponível em: https://shre.ink/MhQN. Acesso em: 08 mar. 2025

ESPAÇO PSICOLÓGICO. Gratidão e resiliência: os pilares da psicologia positiva. *Espaço Psicológico Blog.* Disponível em: https://shre.ink/Mhch. Acesso em: 18 abr. 2025.

HILL, N. *Pense e enriqueça.* Tradução de Fernanda Abreu. Rio de Janeiro: Sextante, 2019.

LUZ, M. A neurociência da gratidão: insights da Forbes e a prática de Marcia Luz. *Blog Marcia Luz.* Disponível em: https://shre.ink/MhcA. Acesso em: 18 abr. 2025.

TIBÉRIO Z. A ciência por trás da gratidão: estudos e descobertas. *Tibério Z.* Disponível em: https://shre.ink/Mhcb. Publicado em: 04 jan. 2025. Acesso em: 18 abr. 2025.

TRAVERS, M. Por que praticar a gratidão é indispensável, segundo a neurociência. *Forbes Brasil.* Disponível em: https://shre.ink/Mhc7. Acesso em: 18 abr. 2025.

VIVADESENVOLVE. Como a neurociência explica o poder da gratidão. *Vivadesenvolve.* Disponível em: https://shre.ink/MhcM. Acesso em: 18 abr. 2025.

“A gratidão pode ser a chave para a verdadeira revolução interior.”

Irene Ribeiro

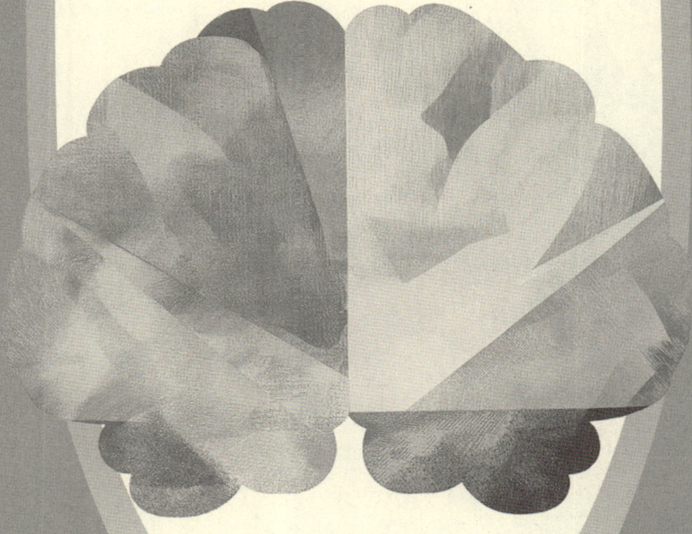

Jheise Miranda

Tenho 30 anos, sou casada e mãe de dois filhos. Sou psicóloga clínica e pós-graduada em Neuropsicologia, além de atuar como professora universitária e empreendedora. Fui convidada para ser coautora do livro *Um olhar para a saúde mental*, no qual abordo o impacto das redes sociais na autoestima. Minha missão é ajudar as pessoas a se libertarem das armadilhas da comparação digital e construírem uma relação mais saudável com elas mesmas, unindo ciência e prática para uma vida mais equilibrada e autêntica.

jheisemiranda.psi

Jheise Loiany

jhepereiramiranda@gmail.com

CURTIDAS, FILTROS E A BUSCA POR SI MESMO

18

Por Jheise Miranda

Já se olhou no espelho e se sentiu insuficiente após ver pessoas esteticamente "perfeitas" no Instagram? Você costuma usar filtros nas redes sociais e já pensou em fazer procedimentos estéticos para se parecer mais com a imagem que vê através deles? No dia a dia, percebe que faz planos, escolhe o que comer, ler ou assistir com base no que aparece com frequência na sua *timeline*?

Se sua resposta for sim para alguma dessas perguntas, saiba que você não está sozinho. Muitas pessoas, sem perceber, deixam que o conteúdo digital dite não apenas suas preferências, mas também a percepção de si mesmas. Ao longo do tempo, isso pode gerar frustração, insegurança e a sensação de que nunca somos bons o suficiente. Essa influência sutil e contínua molda a maneira como enxergamos a vida, nos levando a questionar se estamos à altura dos padrões irreais impostos pelas redes sociais.

E você sabe o porquê de tudo isso? E se eu dissesse a você que esses fenômenos foram cuidadosamente inseridos na sua mente de forma estratégica, sem que você sequer percebesse? As redes sociais, que inicialmente foram idealizadas com a promessa de conectar pessoas, fortalecer laços e encurtar distâncias, evoluíram para algo muito além disso. Com o tempo, tornaram-se ferramentas sofisticadas de influência, moldando comportamentos, impulsionando tendências e estimulando o consumo desenfreado — seja de produtos, informações ou estilos de vida. A lógica por trás desse sistema é simples: ninguém investiria bilhões em plataformas apenas para que compartilhássemos momentos do nosso dia a dia, sem qualquer retorno lucrativo, não é mesmo?

Essas plataformas faturam bilhões com publicidade, e seus algoritmos são extremamente precisos em "ler" nossos interesses. A cada clique em um *post*, foto ou influenciador, deixamos rastros digitais que revelam nossos desejos, permitindo que o conteúdo seja direcionado de forma estratégica. Nossa mente busca constantemente por estímulos mais gratificantes, o que explica a facilidade com que nos deixamos distrair. Quantas vezes pegamos o celular e, quando percebemos, horas se passaram? A cada rolagem de tela, desejamos uma experiência melhor que a anterior e, assim seguimos, repetidamente, presos em um ciclo que não apenas consome nosso tempo, mas também nos expõe a idealizações e comparações com vidas aparentemente perfeitas.

Esse ciclo vicioso tomou proporções gigantescas, com as redes sociais sendo utilizadas por líderes políticos, religiosos, influenciadores e artistas. No entanto, essas plataformas são como um grande palco, em que mostramos conquistas, momentos felizes e versões cuidadosamente filtradas de nós mesmos. Os bastidores — os dias difíceis, as inseguranças e os desafios — permanecem ocultos, longe dos holofotes. O problema surge quando comparamos nosso caos interno com a cena ensaiada de outra pessoa Enquanto lidamos com nossas dúvidas e imperfeições, enxergamos no outro apenas o brilho da apresentação, esquecendo que, por trás das cortinas, todos têm suas próprias batalhas. Essa comparação injusta alimenta a insatisfação e mina a autoestima, criando a falsa sensação de que nunca somos bons o suficiente.

O tempo excessivo diante das telas gera uma pressão constante para expor cada detalhe da vida, um fenômeno que tem impactado significativamente o comportamento da maioria dos usuários das redes sociais, conforme indicado pela *Revista Ibero-Americana de Humanidades, Ciências e Educação* (REASE, 2023). A necessidade de compartilhar momentos, opiniões e até mesmo rotinas banais transforma a vida em uma vitrine, na qual a validação externa se torna essencial. Quanto mais mostramos, mais sentimos a obrigação de continuar alimentando esse ciclo, muitas vezes moldando nossa identidade com base em curtidas e aprovações virtuais, sem perceber o quanto isso afeta nossa percepção de nós mesmos.

Dessa forma, a relação entre redes sociais e autoestima tornou-se evidente, pois as pessoas passaram a se avaliar — e a avaliar os outros — com base em suas exposições na internet, como ressalta a REASE (2023). Ao projetar um ideal de felicidade em corpos e vidas que não correspondem à realidade, criamos uma armadilha perigosa: a de nos compararmos constantemente a padrões inatingíveis. Isso distorce a forma como enxergamos a nós mesmos, dificultando nossa relação com o próprio corpo e com a vida real, que nunca será tão perfeita quanto um *feed* cuidadosamente editado.

Sei como é acordar pela manhã e sentir um peso enorme, uma sensação de insuficiência que nos paralisa. Já vivi isso na pele. Passei por dias em que, simplesmente, sair da cama parecia uma batalha, porque acreditava que nunca seria capaz de alcançar os padrões irreais que consumia diariamente na tela do meu celular. E o pior é que, muitas vezes, nem percebia o quanto essa comparação excessiva estava corroendo a minha autoestima.

Eu nutria expectativas irreais sobre a minha rotina e aparência. Foi nesse momento que entendi a necessidade de buscar ajuda profissional. Na época, já era mãe, casada, trabalhava o dia todo e ainda ia para a faculdade à noite. Mesmo assim, sentia que precisava fazer mais. Eu acreditava que deveria acordar às 4 horas da manhã, como as influenciadoras que seguia, para ser mais produtiva. Não me permitia descansar, pois via mulheres pregando a "maravilha" de uma rotina impecável: pareciam viver em um filme hollywoodiano, preparando cafés da manhã perfeitos para a família, levandoos filhos para inúmeras atividades e, de alguma forma, ainda mantendo corpos impecáveis. Só quando comecei a fazer terapia é que enxerguei quão injusta estava sendo comigo mesma. Compreendi que a comparação que eu fazia era baseada em uma realidade filtrada e cuidadosamente editada, distorcendo a percepção que eu tinha de mim e da minha vida.

Veja bem, caro leitor, você pode e deve buscar uma vida equilibrada e saudável. O problema está em permitir que essa busca se transforme em um ciclo de autossabotagem e insatisfação constante. Quando falamos sobre melhorar a autoestima e encontrar equilíbrio, a psicoterapia se torna uma ferramenta fundamental. Muitas vezes, as redes sociais podem fazer com que nos sintamos desconectados de nossa verdadeira essência, empurrando-nos para uma busca incessante por validação e aprovação externa. A psicoterapia ajuda a resgatar a conexão consigo mesmo, proporcionando um espaço seguro para refletir sobre seus sentimentos, comportamentos e padrões de pensamento.

Descobri que a terapia não é apenas para quem está passando por uma crise; ela é uma poderosa ferramenta de autoconhecimento e autodescoberta. Por meio do acompanhamento terapêutico, você poderá lidar com as inseguranças alimentadas pelas comparações sociais, entender as origens de sua baixa autoestima e aprender a lidar com essas questões de forma saudável. A psicoterapia permite trabalhar questões emocionais profundas e traumas que, muitas vezes, estão na raiz da insatisfação com a própria imagem e com a vida.

Além disso, esse espaço oferece estratégias para lidar com as pressões da vida moderna, como as geradas pelas redes sociais. Ele auxilia na construção de uma imagem corporal mais saudável e verdadeira, desafiando padrões irreais e ajudando a estabelecer limites para o uso das tecnologias. Ao fortalecer sua autoestima com o apoio das terapias, você pode se tornar capaz de resistir à tentação de se comparar com os outros e aprender a valorizar quem você realmente é, com suas qualidades e imperfeições.

Outro recurso que utilizei — e acredito fielmente que possa fazer sentido para você, além de fortalecer a autoestima — é a criação de uma rotina estruturada. Ter horários bem definidos para as atividades diárias permite que você tenha um equilíbrio maior entre obrigações e momentos de descanso, evitando o consumo excessivo de conteúdos irreais e prejudiciais. Estudos revelam que uma rotina bem planejada reduz os níveis de ansiedade e melhora a sensação de controle sobre a própria vida (Cleary, 2019). Criar hábitos saudáveis e previsíveis ajuda a reduzir a sensação de desorganização e a falta de propósito, fatores que, muitas vezes, nos levam a buscar distrações imediatas, como o uso compulsivo das redes sociais.

Definir metas pequenas e realistas dentro dessa rotina também pode contribuir para um maior senso de realização. Ações simples, como reservar 30 minutos diários para uma caminhada ao ar livre ou um momento de leitura antes de dormir, podem gerar impacto significativo na sua autoestima e na forma como você se percebe. Quando sentimos que temos controle sobre nossas escolhas, passamos a depender menos da validação externa e a confiar mais em nossas capacidades. No fim, a verdadeira felicidade não está nas telas nem na busca incessante pela validação do outro, mas na maneira como escolhemos viver nossa história de forma verdadeira, abraçando as nossas imperfeições e celebrando nossa humanidade.

BIBLIOGRAFIA

CLEARY, T. J. *Self-Regulated Learning Interventions With At-Risk Youth:* Enhancing Adaptability, Performance, And Well-Being. Washington: American Psychological Association, 2019.

HAIDT, J.; ALLEN, N. B. *The Anxious Generation:* How the Great Rewiring of Childhood Is Causing an Epidemic of Mental Illness. London: Penguin Press, 2023.

HOLT-LUNSTAD, J. Social Relationships and Mortality Risk: a Meta-Analytic Review. *Perspectives on Psychological Science*, v. 10, n. 2, p. 227-237, 2015.

NEFF, K. D. *Self-Compassion:* The Proven Power of Being Kind to Yourself. New York: HarperCollins, 2011.

ORBEN, A.; DIENLIN, T.; PRZYBYLSKI, A. K.; ETCHELLS, P. J. Social Media's Enduring Effect on Adolescent Life Satisfaction. *Proceedings of the National Academy of Sciences* (PNAS), 2020.

REVISTA IBERO-AMERICANA DE HUMANIDADES, CIÊNCIAS E EDUCAÇÃO. Redes sociais e autoestima: uma análise crítica do impacto das plataformas digitais no bem-estar emocional. *REASE*, v. 7, n. 4, p. 417-439, 2023.

TWENGE, J. M.; CAMPBELL, W. K. *The Narcissism Epidemic*: Living in the Age of Entitlement. New York: Atria Books, 2018.

"Descubra como se
libertar das armadilhas
da comparação digital
e construir uma relação
mais saudável
e verdadeira
consigo mesma."

Jheise Miranda

Jocácia Rocha

Sou Jocácia Rocha, mineira, psicóloga, palestrante e docente, com mais de doze anos de experiência na promoção da saúde mental e inclusão no ambiente corporativo. Fundadora da Bem-Estar Inclusivo, consultoria especializada em estratégias alinhadas à Lei 14.831/2024 e NR1, atuo na construção de ambientes psicologicamente seguros, acessíveis e inclusivos. Especialista em Comunicação, Diversidade e Inclusão nas Organizações (PUC Minas) e em Educação Inclusiva (FMU), desenvolvo treinamentos, cursos digitais, programas e palestras que conscientizam empresas e lideranças para o cuidado com a saúde mental, fortalecendo culturas organizacionais mais humanas, empáticas e sustentáveis.

psi_jocaciarocha

+55 (11) 95964-8369

Jocácia Rocha

jocacia_psicologia@yahoo.com.br

TRABALHO: IMPACTO NA MENTE E SOLUÇÕES

19

Por Jocácia Rocha

Ao longo dos anos, o trabalho passou por diversas transformações, influenciadas por avanços tecnológicos, econômicos e sociais. Essas transformações moldaram o ambiente de trabalho, devido à demanda por novas estratégias, tanto para as empresas, quanto para os trabalhadores.

Podemos constatar essas transformações no período da Revolução Industrial, no século XVIII, quando a mecanização e a produção em massa mudaram radicalmente o cenário laboral. O modelo de trabalho principal aplicado era mais rígido, com jornadas exaustivas e tarefas repetitivas, além de um ambiente altamente hierárquico e com pouca proteção legal. Naquele contexto, os trabalhadores eram peças essenciais no processo produtivo, enfrentando condições precárias, o que comprometia sua autonomia, seus direitos e seu bem-estar.

A partir da década de 1970, já na era pós-industrial, o trabalho começou a se flexibilizar. A descentralização da produção e a expansão do setor de serviços, aliadas aos avanços tecnológicos, proporcionaram maior autonomia. Nos anos 2000, a revolução digital trouxe inovações como computadores, internet e *smartphones*, transformando profundamente a comunicação e a execução das atividades profissionais, o que mais tarde viabilizou o trabalho remoto. A automação e a inteligência artificial aumentaram a eficiência, mas por outro lado trouxeram também a redução progressiva de algumas funções e o aumento da demanda de atualizações, exigindo novas habilidades dos trabalhadores. Essas mudanças, apesar de muito inovadoras, também implicaram novos desafios para a saúde mental dos trabalhadores, intensificando a pressão por desempenho, a insegurança no emprego e a necessidade de adaptação contínua.

Com a ascensão da economia digital e do trabalho sob demanda (*gig economy*), o conceito de trabalho se tornou ainda mais dinâmico. O *home office* e os modelos híbridos passaram a ser realidade, especialmente após a pandemia da covid-19, quando milhares de pessoas foram obrigadas a se manterem em casa isoladas e trabalharem remotamente. Embora essas mudanças tenham ampliado a flexibilidade, também trouxeram desafios como sobrecarga de trabalho, isolamento social, violência doméstica, alcoolismo e redução de salário, afetando diretamente a saúde mental dos profissionais.

Saúde mental no ambiente corporativo: estratégias para um bem-estar sustentável

O trabalho desempenha um papel central na vida adulta, trazendo consigo vários significados, como senso de pertencimento, identidade, propósito, realização pessoal e profissional, estabilidade financeira, dentre outros. No entanto, quando não há equilíbrio, ele pode desencadear estresse, ansiedade, depressão e até mesmo *burnout*. Fatores como alta competitividade, assédio moral e falta de segurança psicológica no ambiente de trabalho são desafios significativos para o bem-estar emocional dos trabalhadores.

O *burnout*, reconhecido como uma condição ocupacional pela Organização Mundial da Saúde (OMS) em 2019, é caracterizado por exaustão emocional, despersonalização e redução da eficácia profissional. Profissionais que atuam em áreas com elevado contato interpessoal, como saúde e educação, estão particularmente suscetíveis ao desenvolvimento dessa síndrome.

Além disso, riscos psicossociais como ambiente hostil, metas inalcançáveis, falta de reconhecimento e insegurança no emprego, podem afetar diretamente a saúde mental dos trabalhadores. Muitos desses fatores não são visíveis de imediato, o que torna essencial a implementação de políticas organizacionais voltadas à prevenção e ao cuidado com o bem-estar psicológico.

De acordo com dados do Departamento de Psiquiatria da Faculdade de Medicina da Universidade de São Paulo (Casemiro; Moura, 2025), o Brasil enfrenta uma crise alarmante de saúde mental no trabalho. Em 2024, o Ministério da Previdência Social registrou mais de 470 mil afastamentos por transtornos mentais — o maior número da última década. Essas informações refletem as atuais condições do mercado de trabalho no cenário pós-pandêmico, dentre outras questões que demandam ações urgentes.

Diante desse cenário, a saúde mental no ambiente corporativo tem ganhado cada vez mais destaque, impulsionada por regulamentações que visam garantir melhores condições psicológicas para os trabalhadores. Dentre essas normas, destacam-se a Lei nº 14.831/2024 e a Norma Regulamentadora nº 1 (NR-1), como marcos fundamentais para a promoção do bem-estar psicológico no ambiente de trabalho.

Lei 14.831/2024: Diretrizes para a Saúde Mental Corporativa

Sancionada em 2024, a Lei nº 14.831/2024 estabelece diretrizes para a implementação de políticas de saúde mental no ambiente de trabalho (Brasil, 2024a). Seu principal objetivo é garantir que as empresas adotem medidas preventivas e protetivas para minimizar os riscos psicossociais aos seus colaboradores. A implementação dessa lei representa um avanço significativo na humanização do ambiente corporativo, reduzindo índices de absenteísmo, aumentando a produtividade e promovendo uma cultura organizacional mais saudável. Destacam-se dentre as principais disposições da Lei nº 14.831/2024:

- **obrigatoriedade de programas de promoção da saúde mental**, incluindo palestras, treinamentos e acompanhamento psicológico para os trabalhadores;
- **criação de um ambiente de trabalho seguro e saudável**, com a redução de fatores que possam contribuir para o estresse excessivo, assédio moral e *burnout*;
- **monitoramento contínuo do bem-estar psicológico** dos trabalhadores, com avaliações regulares e implementação de medidas corretivas quando necessário;
- **programas de apoio** como psicoterapia, grupos de apoio e ações preventivas que incentivem o autocuidado;
- **adoção de protocolos para o enfrentamento de crises psicológicas** e suporte especializado para trabalhadores que enfrentam transtornos mentais.

NR-1: Reforço à saúde e segurança no trabalho

A atualização da Norma Regulamentadora nº 1 (NR-1), publicada pela Portaria MTE nº 1.419/24, que entrará em vigor a partir de 26 de maio de 2025, estabelecida pelo Ministério do Trabalho, traz diretrizes gerais de saúde e segurança ocupacional

(Brasil, 2024b). Embora sua principal função seja a regulamentação das obrigações empresariais na prevenção de riscos no ambiente de trabalho, a recente atualização incorporou a ela aspectos relacionados à saúde mental.

Dentre os pontos mais relevantes da NR-1 para o bem-estar psicológico, destacam-se:

- **obrigatoriedade da análise de riscos psicossociais**, incluindo carga excessiva de trabalho, assédio e pressão por metas;
- **implementação de programas de gestão de riscos ocupacionais**, que devem abranger tanto os riscos físicos quanto os emocionais;
- **treinamento e capacitação de gestores e equipes** para identificar sinais de esgotamento mental e adotar medidas preventivas;
- **fiscalização mais rigorosa** sobre práticas que possam comprometer a saúde mental dos trabalhadores.

Um compromisso com você: sua saúde mental é prioridade

A relação entre trabalho e saúde mental é complexa, mas pode ser gerida de forma eficaz com medidas preventivas e a promoção de uma cultura organizacional humanizada. Investir no bem-estar dos trabalhadores é essencial para garantir um ambiente produtivo e saudável a todos.

À medida que a legislação avança e a consciência sobre o tema cresce, torna-se primordial que as empresas adotem ações concretas para promover o bem-estar psicológico. Esse movimento não apenas favorece os trabalhadores, mas também impulsiona o sucesso das empresas de maneira sustentável.

As estratégias apresentadas por empresas e órgãos públicos são fundamentais para a construção de um ambiente de trabalho saudável, acolhedor, seguro e produtivo, garantindo a promoção de saúde mental, mas essa responsabilidade deve ser compartilhada entre empresas e trabalhadores. Sua saúde mental deve ser prioridade, independentemente do ambiente corporativo.

Fique atento aos sinais de esgotamento e busque equilíbrio entre vida profissional e pessoal. Algumas estratégias incluem:

- **fazer pausas estratégicas** ao longo do dia para evitar o esgotamento mental;
- **estabelecer as suas prioridades** gerenciando o seu tempo de forma eficaz, utilizando agendas e aplicativos de organização;

- **definir e respeitar seus limites**, evitando ambientes tóxicos e buscando alternativas para mudar de cenário;
- **priorizar momentos de lazer**, cultivando *hobbies* e socializando com amigos e familiares;
- **manter hábitos saudáveis**, como sono adequado, alimentação equilibrada e exercícios físicos;
- **buscar apoio psicológico**, quando necessário, com profissionais especializados.

O trabalho é uma parte importante da vida, mas não deve ser sua única razão para viver. Priorize sua saúde mental e construa um futuro profissional sustentável e saudável!

BIBLIOGRAFIA

BRASIL. Lei nº 14.831, de 27 de março de 2024. Institui o Certificado Empresa Promotora da Saúde Mental e estabelece os requisitos para a concessão da certificação. *Diário Oficial da União*: República Federativa do Brasil: seção 1, Brasília, DF, ano 142, n. 61, p. 1, 28 mar. 2024a. Disponível em https://bit.ly/4cHrMLC. Acesso em: 11 mar. 2025.

BRASIL. Portaria MTE nº 1.419, de 27 de agosto de 2024. Aprova a nova redação do capítulo "1.5 Gerenciamento de riscos ocupacionais" e altera o "Anexo I - Termos e definições" da Norma Regulamentadora nº 1 (NR-1) - Disposições Gerais Gerenciamento de Riscos Ocupacionais. *Diário Oficial da União*: República Federativa do Brasil: seção 1, Brasília, DF, ano 142, n. 166, p. 131, 28 mar. 2024b. Disponível em: https://bit.ly/42FGmyG. Acesso em: 11 mar. 2025.

CASEMIRO, P.; MOURA, R. *Crise de saúde mental*: Brasil tem maior número de afastamentos por ansiedade e depressão em 10 anos. São Paulo: Instituto de Psiquiatria (IPq), Faculdade de Medicina da Universidade de São Paulo, 2025. Disponível em: https://bit.ly/4ipv1sx. Acesso em: 5 abr. 2025.

NAÇÕES UNIDAS BRASIL. *Síndrome de Burnout é detalhada em classificação internacional da OMS*. Brasília, DF, 2019. Disponível em: https://bit.ly/4jElKxA Acesso em: 11 mar. 2025.

POUSINHO, N. As mudanças na produção e nas relações de trabalho. *RTP Ensina, Associação dos Professores de História*, 2021. Disponível em: https://bit.ly/4ixMKht. Acesso em: 15 mar. 2025.

TCHORNOBAY, J. R. S.; LIMA, M. D. Saúde mental no ambiente corporativo: aprenda a cuidar da sua mente. *Revista Organização Sistêmica*, [*S. l.*], v. 12, n. 21, p. 35-46, 2023. Disponível em: https://bit.ly/3EyLb4M. Acesso em: 15 mar. 2025.

"O sucesso profissional não vale a sua saúde mental. Equilíbrio é a chave para um trabalho sustentável e uma vida plena."

Jocácia Rocha

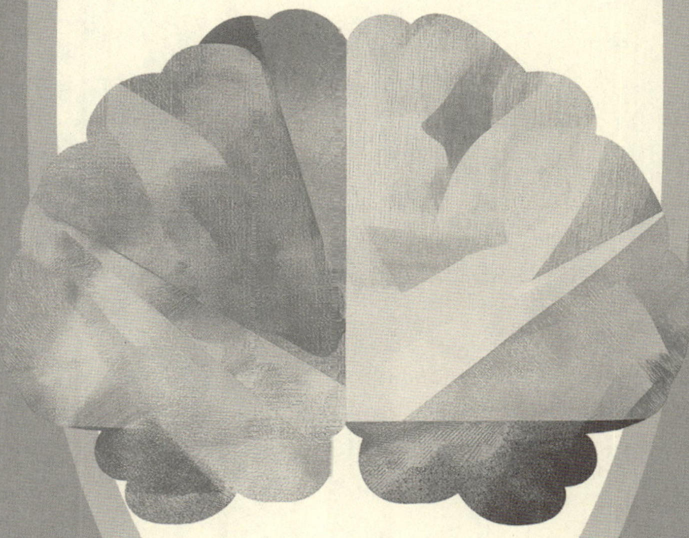

Lara Martins

Sou Lara Martins, psicoterapeuta, filha de Maria Elena e Martinho. Atualmente, resido em Rio Claro/SP. Graduada em Economia, minha trajetória começou no mundo corporativo, área em que atuei por 25 anos.

Após esse período, adoeci, o que me levou a uma profunda jornada de autoconhecimento e transformação em busca da minha essência. Transitei pelas terapias integrativas e me especializei em Psicologia Transpessoal e Constelação Familiar Sistêmica. Sigo me aprimorando para expandir e aprofundar minha abordagem.

Desde 2017, com base em minha vivência em desconstrução e evolução contínua, facilito processos terapêuticos por meio de atendimentos individuais, grupos, mentorias, *workshops* e palestras, sempre com o propósito de transformar vidas.

laramartins.terapias

+55 (19) 98125-4377

CONHECIMENTO E ESPIRITUALIDADE: O ELO

20

Por Lara Martins

Este capítulo é, para mim, uma oportunidade de plantar uma semente, compartilhando aquilo que acredito e minhas experiências. Você pode escolher se irá ou não permitir que ela germine.

Falar sobre espiritualidade conectada ao conhecimento me leva a recordar minha própria história, a exemplo de como essa conexão é possível. Passei por várias experiências traumáticas, assim como muitos que estão lendo este capítulo provavelmente já passaram. Essas vivências definiram minha vida por tanto tempo que, após muitas imersões pessoais, resolvi contar minha história de maneira diferente.

Bert Hellinger (2003) sugere que, muitas vezes, é mais confortável permanecer no sofrimento do que buscar soluções, já que o sofrimento dispensa ação e mudança, e encontrar soluções traz o peso da responsabilidade. E era exatamente isso que eu fazia: negava para não agir. Porém, evoluir é inevitável, e quando não temos essa consciência, sofremos e colocamos a responsabilidade desse sofrimento nos outros, o que vai na contramão da espiritualidade.

Quanto mais negava minhas emoções, mais adoecia. Minha situação se tornou insustentável, afetando minhas relações, trabalho e família. O maior prejuízo era interno: a culpa me consumia, afastando-me do equilíbrio mental e do bem-estar.

Após passar por médicos, terapias, estudos, meditações e orações e colocar tudo isso em prática, comecei a me olhar de verdade, a me conectar com minha essência e a encontrar a espiritualidade que tanto mencionavam, mas que eu não compreendia.

No templo de Apolo, em Delfos, na Grécia Antiga, século IV a.C., foi encontrada a frase: "Conhece-te a ti mesmo". Séculos depois, um grande mestre, Jesus, afirmou em João 8:32: "Conhecereis a verdade, e a verdade vos libertará". Para mim, essas palavras reforçam o ensinamento essencial: o autoconhecimento é o caminho para nos conectarmos com a espiritualidade.

Gostaria de ressaltar que abordo a espiritualidade independentemente de qualquer segmento dogmático, como a religião. A intenção é somente compartilhar minha experiência como espiritualista. Jesus citou em João 14:2: "Na casa do meu Pai há muitas moradas", o que, para mim significa um universo grandioso, repleto de muitas consciências e seres, cuja real dimensão e impacto sobre nós desconhecemos. Respeito e acolho todos os caminhos para a espiritualidade, pois nada se exclui; cada um tem sua função e agrega de alguma maneira.

Minha jornada não foi fácil e os desafios continuam. Acredito que somos perfeitos, mas precisamos de tempo e dedicação para nos compreendermos. Ao nos conhecermos, ampliamos a consciência e encaramos tanto nossas potencialidades quanto nossas sombras. Afinal, não viemos com um manual de instrução.

Meu despertar começou com crises constantes de pânico. Recorri a um psiquiatra, pois não entendia o que acontecia comigo, apenas queria eliminar a dor. Os medicamentos aliviaram os sintomas, mas não resolveram a raiz do problema. Busquei terapia para entender melhor minha situação e, sem que me desse conta, fui levada à causa dos meus conflitos. No início, tudo parecia um caos, mas, aos poucos, meus pensamentos começaram a se organizar.

É como arrumar a casa: precisamos tirar as coisas do lugar, limpar, ver o que serve e o que não serve, jogar fora o que não presta mais, doar aquilo que está em excesso e só depois melhorar o espaço e usufruir. No início, parece infinito e até piora, pensei em desistir muitas vezes, mas aprendi com minha mãe a qualidade da persistência. Consegui acolher, aos poucos, minhas emoções, melhorando meu padrão vibratório e, com o estímulo da minha terapeuta, comecei minha transição de carreira, pois meu trabalho era uma das coisas que me adoeciam.

Após fazer diversas formações em terapias integrativas, como florais, hipnose, radiestesia, Barras de Access, técnica de liberação emocional, encantei-me com duas abordagens que hoje levo para a vida.

A primeira referência são as Constelações Familiares de Bert Hellinger (2003, p. 36), descritas no livro *Ordens do amor*, em que ele afirma: "A ordem precede o amor". Isso significa que, ao ocuparmos nosso lugar sem carregar pesos desnecessários, vivenciamos as três leis sistêmicas e trazemos mais leveza para a vida. A Lei do Pertencimento estabelece que todos temos a necessidade de fazer parte, de possuir qualquer vínculo essencial — seja da família ou de outros relacionamentos. A Lei da Hierarquia ensina que quem veio antes tem precedência e quem veio depois tem prioridade, reconhecendo nossas raízes como base para todas as leis. Já a Lei do Equilíbrio de Troca indica que deve haver equivalência nas relações entre iguais. No entanto, há exceções, como na relação com nossos pais, pois a vida que recebemos deles é inestimável, assim como na relação com nossos professores, que nos transmitem conhecimento, algo que também não tem preço.

Outra metodologia é a Psicologia Transpessoal, com a abordagem integrativa da dra. Vera Saldanha (2008), que propõe sete etapas para alcançar um objetivo, cada uma trabalhando um valor essencial. O primeiro valor é a humildade, pois nos faz passar da negação para o reconhecimento. Depois, coragem, para identificarmos os desafios; desapego, para ressignificarmos nossas crenças; compaixão, para olharmos nossas ações sem julgamentos; fé, pois existe algo muito maior nos amparando; equanimidade, para percebermos que todos somos um; e, por fim, amor, para integrar tudo dentro de nós.

A cada conhecimento experienciado, o véu da ignorância se dissipava mais. Aprendi a lidar com tudo o que me assombrava e com as situações da vida, cumprindo meu propósito como um ser espiritual vivendo uma experiência humana.

Inspiro-me nas palavras de Jesus, que nos deixou preciosos ensinamentos, como o primeiro e segundo mandamentos. Em Mateus 22:37-39, ele diz: "Ame o Senhor, teu Deus, de todo o teu coração, de toda a tua alma e de todo o teu pensamento". Em seguida, afirma: "Amarás o teu próximo como a ti mesmo". Se não nos amarmos, não amaremos ao próximo e, muito menos, a Deus. Assim, o primeiro passo para nos conhecermos e nos conectarmos com a espiritualidade é olharmos para nós mesmos com amor, vivendo o presente, o único momento real, e nos conectando com nossa alma.

Fazendo uma analogia com um carro novo que vem com um manual de instruções detalhado: nós, ao nascermos, não recebemos um guia explicando como lidar com a vida, com as emoções ou com os desafios do caminho. No início, muitas vezes seguimos no automático, apenas sobrevivendo, sem compreender bem nossos sentimentos ou reações. Mas, assim como um carro precisa de alguém que leia o manual, aprenda a conduzi-lo com habilidade e cuide da sua manutenção, também precisamos aprender a nos conhecer, a entender nossos limites e a cuidar de nós mesmos para não nos perdermos ou nos desgastarmos ao longo da jornada.

O autoconhecimento é como entender seu próprio carro: saber quando acelerar, frear, reabastecer e até escolher quais estradas fazem mais sentido para você. Quanto melhor você se conhece, melhor dirige sua vida. Conhecer-se é extrair o melhor de si mesmo, e é isso que desejo despertar em você. Despertar sua potência para que possa se tornar um ser humano pleno, aproveitando sua luz e sabendo lidar com sua sombra, que é fundamental para seu processo evolutivo. Em seu livro *O eu e o inconsciente*, Jung (2013) aborda como a sombra se manifesta na nossa psique, considerando que tudo aquilo que negamos nos domina, e podemos chamar isso de destino.

Assim, terceirizamos a nossa responsabilidade para Deus ou qualquer outra crença. Muitas vezes ainda penso: “Se Deus quiser, vai dar tudo certo”. Isso é terceirizar. Aprendi assim a vida toda, mas entendo hoje que, se não fizermos nossa parte, a probabilidade de dar errado ou não acontecer é muito alta. Com essa consciência, assumimos responsabilidade pelas nossas vidas e nos empoderamos dessa máquina perfeita que somos. No Salmo 82:6, está escrito: “Vós sois deuses e filhos do Altíssimo”. Então, por que não buscarmos essa força dentro de nós?

Aplico todas essas bases em minha vida. Isso me proporciona mais estabilidade física, mental, emocional, energética e espiritual. Contudo, continuo estudando, pois o conhecimento é infinito. Quanto mais aprendemos, menos certezas temos, inclusive elas nos limitam. Como na frase atribuída a Sócrates: “Só sei que nada sei”.

Este conteúdo fez sentido para você? Então, vamos juntos transformar essas percepções em ações? Você não tem ideia de onde começar? Acredita que precisa dar um grande salto para se encontrar? Não é necessário. O que você precisa é dar um passo de cada vez, pois não há como cortar caminho. O autoconhecimento exige um processo diário de autocuidado. O essencial para a nossa vida é simples, como dizia Bert Hellinger (2021), mas muitas vezes não damos atenção ao simples.

Junto com todas as imersões de autoconhecimento que compartilhei aqui, criei uma rotina diária com ações simples, que me permitem definir como será o meu dia, independentemente do que aconteça. Eu decido sobre o meu dia e, no final dele, se não foi como esperava, repenso o que posso melhorar e o que precisa ser ajustado. Transformei essa rotina em um *e-book* gratuito que você pode acessar pelo *link* que está no meu Instagram. Chama-se MOP, que em inglês significa "esfregão". Precisamos começar o dia nos limpando, e nada melhor para isso do que Meditação, Oração e Prática. Essa rotina é inegociável, uma lição valiosa que aprendi em minha jornada.

E você? O que você não negocia no seu dia? Essas ações simples vão empoderá-lo, e como eu não acredito em coincidências e você chegou até aqui, é porque deseja melhorar sua vida. Aproveite este chamado para auxiliá-lo na expansão de sua consciência. Será um prazer fazer parte da sua jornada.

BIBLIOGRAFIA

BÍBLIA SAGRADA. Tradução de João Ferreira Almeida. 2025. Disponível em: https://www.bibliaonline.com.br/. Acesso em: 18 mar. 2025.

HELLINGER, B. *O essencial é simples*. 4. ed. São Paulo: Editora Atman, 2021.

HELLINGER, B. *Ordens do amor*. São Paulo: Editora Cultrix, 2003.

JUNG, C. G. *O eu e o inconsciente*. 8. ed. Petrópolis: Editora Vozes, 2013.

SALDANHA, V. *Psicologia transpessoal*. Juiz de Fora: Editora Unijuf, 2008.

"Ao reconhecer e honrar suas raízes, você libera o caminho para a espiritualidade, e, ao se conhecer, ela floresce."

Lara Martins

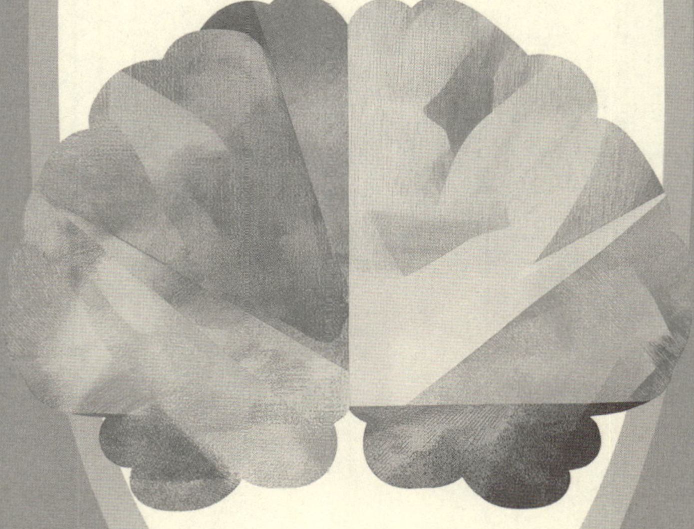

Laura Costa

Sou natural de Santana do Livramento/RS. Sou empresária no ramo têxtil e turismóloga de formação. Descobri que o autocuidado vai além do descanso — são pequenas ações diárias que transformam vidas, e a minha foi prova disso. Encontrei equilíbrio e fortaleci minha saúde mental ao adotar essa visão. Hoje, como terapeuta sistêmica e mentora, auxilio outras pessoas nesse despertar, promovendo mudanças reais por meio do autoconhecimento. Acredito que cada um pode ser protagonista do próprio bem-estar e que pequenas atitudes geram grandes impactos.

eusoulauradacosta

Laura Costa

AUTOCUIDADO: PEQUENAS AÇÕES QUE TRANSFORMAM

21

Por Laura Costa

Durante muito tempo, eu negligenciei o autocuidado. Acreditava que, se conseguisse dar conta de tudo, em algum momento teria tempo para mim. Mas esse tempo nunca chegava. E, quando chegava, eu já estava exausta demais para aproveitá-lo.

Cresci ouvindo que dedicação era sinônimo de esforço constante, que pessoas responsáveis estavam sempre ocupadas e que descanso era um privilégio para quem já tinha feito o suficiente. Mas o que era "suficiente"? Eu nunca soube responder. O trabalho, os compromissos e as responsabilidades pareciam se multiplicar à medida que eu tentava vencê-los. A lista de tarefas nunca terminava, e toda vez que pensava que logo teria uma pausa, algo novo surgia.

O tempo para mim sempre parecia uma promessa distante. Eu pensava: "Quando terminar esse projeto, eu descanso. Quando essa fase passar, vou cuidar de mim. Quando as coisas ficarem mais calmas, tiro um tempo para respirar". Porém as fases iam e vinham, os projetos terminavam e outros começavam, as demandas nunca diminuíam, e eu continuava na mesma corrida sem fim.

No fundo, acreditava que o autocuidado era um luxo para quem não tinha preocupações reais. Eu via pessoas que conseguiam encaixar momentos para si mesmas na rotina e pensava que, talvez, elas não tivessem tantas responsabilidades quanto eu. Convencia-me de que, enquanto houvesse algo importante a ser feito, me dar ao direito de parar seria egoísmo ou desperdício de tempo. E havia sempre algo importante a ser feito.

Meu foco estava na produtividade. Orgulhava-me de ser uma pessoa confiável, sempre disponível e pronta para ajudar. Atendia às demandas dos outros antes mesmo das minhas. Achava que ser indispensável era uma virtude, que estar sempre presente para os outros era prova de força. E, sem perceber, estava me ausentando de mim mesma.

Eu pensava que, se conseguisse dar conta de tudo, em algum momento, o tempo para mim chegaria. No entanto, esse momento nunca vinha. E quando, por milagre, “sobrava tempo”, já estava exausta demais para aproveitá-lo. Eu não sabia o que fazer com o silêncio, não sabia relaxar sem me sentir culpada.

Foi só depois de muito tempo — e muitos sinais ignorados — que eu percebi que esse ciclo nunca se quebraria sozinho. Se eu não fizesse do autocuidado uma escolha diária, ele nunca seria uma prioridade. Porque o mundo não iria parar para me dar esse tempo. Eu é quem precisava escolher parar.

A verdade é que fui ensinada a medir meu valor pelo que eu fazia, não pelo que eu sentia. Então, me ocupava o tempo todo, dizendo a mim mesma que não podia parar. Mesmo quando meu corpo e minha mente davam sinais claros de exaustão, eu seguia em frente. Até que meu próprio sistema começou a falhar: meu sono ficou desregulado, minha energia oscilava entre picos de ansiedade e um cansaço profundo. Estava sempre irritada, sem paciência para as pessoas ao meu redor. Foi só quando cheguei nesse ponto que percebi que não era sustentável viver assim.

Aos poucos, fui compreendendo que o autocuidado não era algo opcional, mas essencial. Ele não era apenas sobre momentos de lazer ou indulgência, mas sobre escolhas diárias que me ajudavam a recuperar o equilíbrio. Descobri que pequenas mudanças tinham o poder de transformar minha vida. E, principalmente, percebi que o autocuidado não precisava ser algo complicado.

Afinal, a vida é feita de escolhas. Algumas são grandes e transformadoras, enquanto outras parecem pequenas e quase imperceptíveis. E são justamente essas pequenas decisões diárias que moldam a forma como nos sentimos, vivemos e nos relacionamos com nós mesmos.

Por muito tempo, acreditei que o equilíbrio era algo distante, que só poderia ser alcançado quando todas as circunstâncias externas estivessem em perfeita harmonia. Imaginava que, para me sentir bem, eu precisava ter mais tempo livre, menos responsabilidades e uma rotina sem imprevistos. Porém a realidade não é assim. O tempo continua correndo, os compromissos surgindo e esperar pelo momento perfeito só me fazia adiar aquilo que realmente importava: o cuidado comigo mesma.

Foi, então, que comecei a perceber que o equilíbrio não é algo que acontece por acaso, e sim o resultado das escolhas que fazemos todos os dias. O equilíbrio não é um destino, é uma construção diária.

Comecei ajustando a forma como eu me tratava. Eu era extremamente dura comigo mesma, sempre me cobrando mais, sempre achando que podia fazer melhor. Aprendi a observar minha própria voz interna e a reformular minha maneira de pensar. Troquei o "você nunca faz nada certo" por "você está aprendendo". Substituí o "você deveria estar fazendo mais" por "você está fazendo o seu melhor". Essa mudança na forma como eu falava comigo mesma foi um dos primeiros passos para quebrar o ciclo da autossabotagem.

Outro passo importante foi aprender a respeitar meu tempo. Durante anos, minha rotina girava em torno dos outros. Se alguém precisava de mim, eu parava tudo. Se havia mais trabalho a ser feito, sacrificava minhas horas de descanso. Comecei a perceber que, ao me colocar sempre em segundo plano, estava me afastando de mim mesma. Então, estabeleci limites. Passei a dizer "não" quando algo ultrapassava minha capacidade. No começo, foi difícil. Sentia culpa.

O problema é que, quando dizemos "sim" o tempo todo, acabamos dizendo "não" para nós mesmos. A cada novo compromisso assumido sem querer, eu me afastava um pouco mais de mim mesma.

No começo, não foi fácil. Cada vez que recusava algo, sentia uma culpa enorme. Parecia que estava sendo ingrata, decepcionando as pessoas ou falhando em ser prestativa. Fui criada para acreditar que ser uma boa pessoa significava estar sempre disponível, então quebrar esse padrão gerava um desconforto enorme.

Aos poucos, fui percebendo que essa culpa não era um sinal de que eu estava errada, e sim de que estava rompendo um ciclo. Eu precisava me lembrar que colocar limites não significava ser rude ou egoísta. Pelo contrário, era um ato de respeito — comigo mesma e com os outros.

Foi quando comecei a dizer "não" com mais consciência que percebi algo poderoso: ao me respeitar, eu também ensinava os outros a me respeitarem. Antes, muitas pessoas estavam acostumadas com a minha disponibilidade, então elas nem questionavam se eu estava sobrecarregada. E, à medida que fui colocando limites, algo mudou.

Pessoas que realmente se importavam comigo passaram a entender e respeitar minhas escolhas. Elas perceberam que meu tempo e minha energia também eram valiosos. Algumas pessoas estranharam no começo, mas logo entenderam que a recusa não era uma rejeição a elas, e sim um compromisso comigo.

Claro, nem todos aceitaram bem essa mudança. Algumas pessoas tentaram insistir, testar meus limites, fazer com que eu voltasse ao meu antigo padrão de sempre ceder. No entanto, com o tempo, aprendi que não precisava justificar excessivamente meus “nãos”. Um simples “não posso”, “não quero” ou “não estou disponível” era suficiente.

Hoje, vejo que dizer “não” é uma das formas mais poderosas de autocuidado. Não se trata de negar tudo ou de ser inflexível, mas de ter consciência de até onde posso ir sem me prejudicar. É entender que minha energia não é infinita e que, para estar bem e presente para os outros, eu preciso primeiro estar bem comigo mesma.

Colocar limites me trouxe liberdade, me permitiu viver com mais leveza, sem carregar pesos que não eram meus. E, mais do que isso, me ensinou que sou a única responsável por proteger meu tempo, minha saúde mental e minha paz.

A prática do autocuidado também me ensinou a desacelerar. Antes, eu vivia com pressa, atropelando os dias. Agora, me permito pequenas pausas ao longo do dia para respirar, sentir meu corpo, estar presente. Descobri que esses momentos de pausa não me tornavam menos produtiva. Pelo contrário, eles me ajudavam a recarregar as energias e a focar no que precisava ser feito.

Além disso, passei a cuidar melhor da minha mente. Durante muito tempo, ignorava meus sentimentos, fingia que estava tudo bem. Percebi que reprimir emoções só fazia com que elas voltassem mais fortes. Então, comecei a escrever sobre o que eu sentia. Descobri que colocar pensamentos no papel me ajudava a processá-los de forma mais clara. Escrever se tornou um refúgio, um espaço em que eu podia ser sincera comigo mesma.

Outra coisa que fez uma enorme diferença foi priorizar meu descanso. Eu costumava ver o sono como uma perda de tempo. Entretanto, a privação de sono só me deixava mais cansada, mais distraída e mais impaciente. Quando passei a respeitar as horas de descanso, minha disposição melhorou, minha mente ficou mais clara e minha relação com o dia a dia se tornou mais leve.

Aprendi, ainda, que o autocuidado se manifesta nas pequenas escolhas: preparar uma refeição nutritiva, manter meu espaço organizado, me permitir momentos de lazer sem culpa. Tudo isso faz parte desse compromisso comigo mesma. Cuidar de mim não significa excluir os outros, mas garantir que eu tenha energia suficiente para estar presente de verdade nas minhas relações.

Percebi que o autocuidado não é um evento isolado, é um estilo de vida. Ele não se resume a um dia de *spa* ou a comprar algo novo, e sim a prestar atenção em mim, nas minhas necessidades. Ele está nas pequenas ações diárias que, quando somadas, constroem uma base sólida de bem-estar.

Hoje, faço do autocuidado uma prática diária, porque sei que ele não é um luxo; é uma necessidade. Sei que, ao me cuidar, eu não apenas me fortaleço, mas também posso oferecer o meu melhor ao mundo. O autocuidado me ensinou que, antes de qualquer coisa, preciso estar bem comigo mesma. E essa foi a maior transformação da minha vida.

"Quando cuidamos de
nós mesmos, transformamos
cada desafio em uma chance
de crescer e mostrar que o
impossível é só questão
de tempo."

Laura Costa

Luana Guedes

É com muita alegria que me apresento a você! Meu nome é Luana Guedes, sou paulistana, psicóloga clínica formada pela Universidade Nove de Julho, bem como em Terapia Cognitivo-Comportamental (TCC) pela FLNC Cursos Digitais. Atualmente, sigo me aprofundando na área como pós-graduanda em Psicologia Baseada em Evidências (PBE).

Em 2019, vivi um período desafiador marcado pela depressão, o que reforçou minha crença na importância do autocuidado. Foi a partir dessa experiência que senti a necessidade de falar sobre esse tema.

Neste livro, compartilho minha visão sobre como é essencial pedir ajuda e desmistifico a depressão. Meu desejo é inspirar e encorajar aqueles que enfrentam dificuldades emocionais. Espero que minha história e meus conhecimentos resultem em acolhimento, reflexão e, acima de tudo, esperança.

psicologaluanaguedes

PSICOLOGALUANAGUEDES

PEDIR AJUDA É UM ATO DE CORAGEM

22

Por Luana Guedes

O peso invisível da depressão

Para começar este capítulo, vou trazer alguns dados alarmantes sobre a depressão. Segundo a Organização Mundial da Saúde (OMS, 2023), mais de 300 milhões de pessoas no mundo sofrem desse transtorno, sendo aproximadamente 11,5 milhões brasileiros. O Brasil está entre os países mais depressivos do mundo, no entanto, mesmo com números expressivos, a depressão ainda é cercada por mitos e tabus.

Frases como "**é frescura**", "**é falta de Deus**", "**é só uma tristeza**" são frequentemente usadas para minimizar uma condição séria. A depressão não é uma simples tristeza passageira, trata-se de um **transtorno mental** que afeta profundamente o modo como uma pessoa sente, pensa e vive. Por não ser uma doença visível, muitas vezes a depressão é encarada com descrença. Essa invisibilidade dificulta a compreensão e, pior, atrasa o diagnóstico e o tratamento, pois muitas pessoas acabam sofrendo em silêncio.

Quando a depressão bate à porta

Em 2019, no que considero o pior ano da minha vida, me deparei com uma tristeza avassaladora. Após uma série de acontecimentos, me vi presa dentro de um quarto escuro, isolada do mundo. Passava os meus dias chorando, enquanto tentava desesperadamente encontrar forças para sair dali, mas tudo ao meu redor parecia me puxar ainda mais para o fundo. Deixei o emprego, mal conseguia ir à faculdade e me afastava cada vez mais da minha família. Até minha fé, que antes era um alicerce, passou a ser questionada. Tudo o que um dia me trouxe alegria já não fazia sentido. Perdi oito quilos, pois não sentia fome nem energia para nada. A tristeza se instalou de forma permanente, me acompanhando desde o momento em que abria os olhos até as longas madrugadas de insônia. O peso na mente e no corpo me paralisava, tornando impossível fazer até o mínimo.

Na época, eu estava cursando Psicologia, mas faltava diversas vezes. Nos dias em que conseguia sair de casa para ir à faculdade, muitas vezes não chegava até lá. No meio do caminho, a dor e o desespero me consumiam, e eu voltava para casa. O mais curioso é que, durante esse período, eu administrava um Instagram, o @meninas_deluz, e nos poucos dias em que consegui ir à faculdade, colava *post-its* nos banheiros femininos com frases de esperança, mesmo vivendo um pesadelo dentro de mim. Eu me sentia sufocada pela culpa, revivendo escolhas do passado e construindo uma imagem distorcida de mim mesma. Deixava minhas qualidades de lado e esquecia meu valor. Os pensamentos sobre morte e suicídio eram constantes. Temia não conseguir suportar a dor que carregava, sentia que era um peso para minha família e para aqueles ao meu redor. Todos os dias, pensamentos involuntários sobre desistir da vida me assombravam. Mas, ao mesmo tempo, uma parte de mim ainda acreditava que havia esperança.

Durante aquele período, eu cuidava do meu irmão, que tinha apenas 9 anos, e costumo dizer que, além da minha fé, ele salvou a minha vida. Sempre que pensava em desistir de mim mesma e de toda a minha história, eu olhava para ele, que enxugava minhas lágrimas e me falava palavras de vida.

Lembro-me com carinho de meu pai, que, antes de sair para o trabalho, se aproximava da minha cama com a voz embargada, dizia que me amava e pedia para que eu não fizesse nada contra mim mesma. Ele sempre fazia de tudo para que eu não desistisse. Minha irmã me escrevia cartas, mandava-me mensagens de conforto e, muitas vezes, deixava seus compromissos de lado só para estar comigo. Sempre foi um símbolo de força, mesmo quando tudo ao redor parecia desmoronar. Minha mãe, incansável, doava-se para que, a cada dia, eu me sentisse ao menos 1% melhor. Ela sempre fazia de tudo para que eu me sentisse bem e, acima de tudo, encontrasse momentos de felicidade, mesmo nos dias mais difíceis.

Escrever isso me emociona, porque mesmo nos meus dias mais sombrios, Deus e minha família nunca me abandonaram. Eles nunca desistiram de mim, até quando eu mesma não acreditava mais. Eles viam uma força que eu não conseguia enxergar.

Durante esse tempo, estava em acompanhamento psicológico, mas resistia à medicação. Eu, que cursava Psicologia, carregava um tabu muito grande sobre o tratamento. No entanto, por amor à minha família, decidi tentar. Foi no dia 9 de outubro de 2019 que recebi o encaminhamento para o psiquiatra. Depois de começar o tratamento, as mudanças foram notáveis. Comecei a sair do meu quarto, frequentei mais a faculdade, saí para ver pessoas, voltei a gravar vídeos de maquiagem para o YouTube. Cada pequeno passo me fazia perceber que ainda havia uma luz, uma esperança, e que, aos poucos, a vida estava voltando a ter sentido.

Tristeza x depressão

Um dos primeiros pontos importantes ao falarmos sobre depressão é compreender que ela não se trata apenas de uma tristeza comum. Durante a vida, todos passamos por momentos difíceis que nos deixam tristes — como o término de um relacionamento, a perda de um ente querido ou um desafio profissional. A tristeza é uma emoção natural e tem um papel fundamental: ela nos sinaliza que algo não está bem e nos incentiva a buscar mudanças.

A tristeza pode nos levar ao choro, mudar nossa expressão e postura diante daquilo que nos causou dor. É um sentimento essencial para o nosso crescimento, pois nos ensina valores e nos ajuda a dar significado às experiências da vida. Lembro de, em algumas ocasiões, dizer à minha irmã que acolher as próprias emoções é fundamental. Está tudo bem sentir tristeza. Não somos robôs e, se fôssemos felizes 24 horas por dia, talvez não aprendêssemos lições valiosas que só a tristeza pode nos ensinar. Porém, se essa tristeza se torna persistente e passa a afetar a rotina e o bem-estar, **é um sinal de alerta e um indicativo de que precisamos buscar ajuda**.

Já o Transtorno Depressivo Maior, que no senso comum chamamos de depressão, vai muito além da tristeza passageira. Para que um quadro depressivo seja identificado, é necessário procurar um psicólogo ou psiquiatra, pois apenas esses profissionais podem avaliar corretamente os sintomas e indicar o tratamento adequado.

O Manual Diagnóstico e Estatístico de Transtornos Mentais (DSM-5-TR) estabelece critérios para o diagnóstico da depressão. Para ser caracterizado como um transtorno depressivo maior, os sintomas devem persistir por pelo menos duas semanas e impactar significativamente a vida da pessoa. Irei compartilhar alguns desses critérios e experiências.

Perda de interesse ou prazer em atividades: a depressão rouba o brilho da vida. Aquilo que antes trazia alegria simplesmente deixa de fazer sentido. No meu caso, parei de fazer tudo o que gostava e me enclausurei em um mundo sem cor. Para muitos, essa perda de interesse se manifesta de outras formas: o abandono dos estudos, do trabalho ou de qualquer atividade que antes fazia parte da rotina.

Alterações significativas de peso e apetite: a depressão afeta o corpo de maneiras que vão além da mente. Algumas pessoas passam a comer compulsivamente; outras, como foi o meu caso, perdem completamente o apetite.

Insônia ou hipersonia: o sono também se torna uma batalha. Algumas pessoas passam noites em claro, presas em pensamentos angustiantes. Outras dormem excessivamente, tentando escapar da realidade. Para mim, dormir era um desafio.

Fadiga e perda de energia: a depressão consome a vitalidade. Coisas básicas, como tomar banho ou responder uma mensagem, pareciam tarefas exaustivas. Muitas vezes, ao tentar sair do quarto, algo me paralisava. As lágrimas vinham sem controle e o próximo passo parecia impossível.

Sentimentos de culpa e inutilidade: a mente depressiva se torna um campo de batalha. A autocrítica cresce e a pessoa começa a se enxergar por meio de uma lente distorcida, focando apenas em erros e falhas do passado.

Pensamentos recorrentes de morte e ideação suicida: quando a dor se torna insuportável, a mente começa a procurar saídas, e, muitas vezes, a única que parece possível é desaparecer. Eu me via presa em um ciclo de sofrimento, acreditando que jamais encontraria alívio. Sentia que era um fardo e que todos ficariam melhor sem mim.

A diferença entre tristeza e depressão é clara: a tristeza é passageira, adaptativa, uma resposta natural da vida. A depressão pode nos fazer acreditar que estamos sozinhos e sem saída, mas existe tratamento e a recuperação é possível. **Eu sou prova disso**.

Pedir ajuda é um ato de coragem: uma das coisas que sempre incentivamos em pacientes com depressão é encontrar algo que os sustente, seja um propósito, um significado maior ou sua fé. A espiritualidade pode ser um fator de proteção, ajudando a reduzir o risco de suicídio e trazendo esperança nos momentos mais difíceis. A fé, independentemente da religião, pode fortalecer a resiliência emocional e dar um novo sentido à jornada de recuperação.

No entanto, é essencial entender que **fé e tratamento profissional não se anulam, mas se complementam**. Na Psicologia, não falamos em "cura", mas em **remissão dos sintomas**, pois a depressão é um transtorno que exige cuidado contínuo. Assim como qualquer outra condição de saúde, é fundamental seguir com o tratamento adequado para evitar recaídas.

Infelizmente, ainda há quem acredite que buscar ajuda profissional demonstra falta de fé. Mas esse é um equívoco. Se quebramos um osso, vamos ao médico; se sentimos uma dor de dente, procuramos um dentista. Da mesma forma, quando nossa saúde mental está comprometida, buscar um psicólogo ou psiquiatra não significa falta de confiança em Deus ou fraqueza, mas **um ato de coragem**.

Este capítulo é mais do que um relato sobre depressão, é uma parte sincera da minha história. Compartilho essas palavras para que você, que talvez esteja enfrentando algo parecido, sinta-se inspirado e encorajado a continuar. Se você recebeu um diagnóstico, saiba que isso não define quem você é.

Acredite: sua vida não acaba aqui. Enquanto há vida, há esperança. Cuide da sua saúde mental, valorize sua caminhada e confie na sua capacidade de superar. Você merece viver dias melhores!

BIBLIOGRAFIA

AMERICAN PSYCHIATRIC ASSOCIATION. *Manual diagnóstico e estatístico de transtornos mentais*: DSM-5-TR. 5. ed. Porto Alegre: Artmed, 2022.

ORGANIZAÇÃO MUNDIAL DA SAÚDE (OMS). Depressive Disorder (Depression). *OMS*, Genebra, 31 mar. 2023. Disponível em: https://shre.ink/MYOw. Acesso em: 15 abr. 2025.

"A sua dor pode sussurrar que tudo acabou, mas ainda há luz em você. Dê um passo de cada vez e acredite: enquanto há vida, há esperança."

Luana Guedes

Mila Blotta

Sou psicóloga com pós-graduação em Psicologia Biodinâmica e pós-graduanda em Neurociência. Também atuo como terapeuta holística, integrando técnicas que cuidam do corpo, da mente e da energia de forma sensível e profunda. Trabalhei por mais de dez anos em uma instituição financeira, onde desenvolvi um olhar prático sobre organização e saúde mental. Convivo com lúpus e fibromialgia há mais de vinte anos, e foi nesse processo que aprendi a respeitar meus limites, reorganizar minha vida e encontrar leveza mesmo nos dias difíceis. Hoje, ajudo mulheres sobrecarregadas a aliviarem a exaustão mental, reconectarem-se com o essencial e organizarem suas rotinas de forma possível, real e com mais gentileza com elas mesmas.

mila.blotta

UM OLHAR PARA
A SAÚDE MENTAL
Caminhos para uma vida equilibrada

TECNOLOGIA: INIMIGA ÍNTIMA OU ALIADA SILENCIOSA?

23

Por Mila Blotta

A tecnologia revolucionou a forma como vivemos, trabalhamos e nos relacionamos. O que antes era distante e demorado, hoje acontece em um toque na tela do celular. Se, por um lado, isso representa comodidade e eficiência, por outro, nos coloca em uma espécie de prisão digital, em que a mente nunca descansa. Mas afinal, a tecnologia é uma vilã ou uma aliada da nossa saúde mental?

Hoje, não vivemos sem o celular. Ele carrega nossas vidas e também nos sobrecarrega. O excesso de notificações e o imediatismo da tecnologia impactam diretamente nossa saúde mental. Alguns dos efeitos mais comuns são:

- ansiedade digital: a compulsão de verificar a cada segundo redes sociais e *e-mails*, ou a necessidade de responder uma mensagem no instante em que ela chega, traz uma grande inquietação;
- sobrecarga cognitiva: o excesso de informação e a falta de pausas ao longo do dia dificultam a concentração e aumentam a exaustão mental;
- impacto no sono: a luz azul das telas afeta a produção de melatonina, prejudicando o início e a qualidade do sono. Além disso, o excesso de informação mantém o cérebro sempre alerta, dificultando o relaxamento;
- *burnout* digital: a exigência de estar sempre conectado, seja para o trabalho ou socialmente, leva à exaustão mental, emocional e psicológica.

Muito já se falou sobre os malefícios da tecnologia e a necessidade de um *detox* digital. Mas isso significa que estamos fadados ao fracasso? Que a tecnologia não tem benefícios? Será mesmo que devemos adotar uma visão extrema de "oito ou oitenta"? Como a tecnologia pode ser nossa aliada?

Caro leitor, há luz no fim do túnel! Podemos usar a tecnologia de forma inteligente para reduzirmos a exaustão mental e até para melhorarmos nossa qualidade de vida. Eu trabalho muito com a tecnologia ajudando pessoas com doenças autoimunes e mães a se manterem produtivas, terem tempo de qualidade e lidarem com a exaustão mental e o sentimento de culpa que frequentemente recaem sobre esses públicos.

Então, como fazer da tecnologia nossa aliada? Começamos com dois monitoramentos fundamentais:

1. Controle do uso de tela

Quanto tempo você passa no celular por dia? Quais os principais aplicativos que consomem seu tempo? Compreender seu comportamento digital é o primeiro passo para criar estratégias eficazes. Vou dar um exemplo prático pessoal: percebi que passava muito mais tempo do que gostaria no Instagram, sempre com a desculpa de que o usava para trabalhar. Então, comecei a determinar horários específicos para utilizá-lo. No planejamento do meu dia, defino os momentos em que usarei o Instagram e por quanto tempo, ativando um *timer* para me lembrar de mudar de atividade.

Por outro lado, em dias de dor intensa, por conta da fibromialgia ou do lúpus, percebi que meu cérebro busca refúgio no Instagram ou em joguinhos. Nesses momentos, permito um uso maior das telas, pois me ajuda a manter a interação social sem me sobrecarregar emocionalmente. O mesmo comportamento pode ser um vilão ou um aliado. Tudo depende do contexto e da individualidade de cada um.

2. Monitoramento da qualidade do sono

Hoje, a tecnologia nos permite entender melhor nosso sono por meio de *smartwatches*, celulares ou *smart rings*. Muitas pessoas com fibromialgia, por exemplo, acreditam que dormem a noite toda, mas acordam cansadas porque passaram poucos minutos na fase de sono profundo — aquela responsável pela recuperação do corpo. Eu mesma descobri que o ronco do meu marido me despertava diversas vezes durante a noite, impedindo que eu entrasse no sono profundo. A solução para a minha realidade específica? Dormimos em quartos separados, e isso melhorou significativamente minha qualidade de descanso.

Além disso, pequenos ajustes como evitar cafeína depois das 15 horas podem fazer toda a diferença. A cafeína leva mais de 8 horas para sair completamente do organismo e pode ser uma grande vilã para quem tem dificuldades para pegar no sono.

Estratégias práticas para um uso consciente da tecnologia

Além do monitoramento, algumas estratégias ajudam a tornar a tecnologia uma aliada:

- filtragem de notificações: configure o celular para receber apenas notificações essenciais, reduzindo os gatilhos que lhe fazem olhar o aparelho sem necessidade;
- tempo de tela consciente: utilize aplicativos que monitoram o tempo de uso e estabeleça limites;
- planejamento diário: ter um planejamento estruturado e objetivos claros para o dia reduz a tendência de procrastinar no celular.

Vamos aprofundar um pouco mais. Os smartphones têm hoje a função "modo foco", que pode ser programada automaticamente em certos períodos do dia ou ativada manualmente. E aqui entra o ponto-chave: a individualidade. Para cada paciente, indico um uso diferente dessa função.

Por exemplo, para alguém com ansiedade que se sente obrigado(a) a responder qualquer notificação, o ideal pode ser ativar o modo foco das 9 horas às 18 horas, deixando disponíveis apenas os aplicativos realmente necessários, como WhatsApp, *e-mail* e agenda. Mesmo assim, as notificações só devem chegar de contatos predefinidos: filhos, parceiro, pais. Isso reduz distrações e pequenas tensões do cotidiano, ajudando a manter o foco e preservar a saúde mental.

Outro recurso incrível que tem ajudado em muitos dos meus atendimentos é a inteligência artificial (IA). Já experimentou usar a IA para otimizar tarefas do dia a dia? Vou lhe contar uma experiência pessoal: sempre perdia muito tempo planejando o cardápio da semana, o famoso *meal prep*. Uma tarefa mentalmente cansativa para mim. Passei a usar a IA para criar cardápios personalizados com lista de compras ajustada às minhas necessidades, e isso me trouxe um alívio imenso. Parei de procrastinar essa tarefa, mantive uma alimentação mais adequada e saudável e colhi satisfação emocional como recompensa. Meu cérebro entendeu que manter esse hábito traz bem-estar.

Um membro da família: uma nova relação com a tecnologia

Quando falo sobre usar a tecnologia como um membro da família, sei que pode parecer exagerado — como se eu estivesse incentivando o uso irrestrito ou dependente do celular. Mas é exatamente o oposto. O que proponho é uma forma consciente e respeitosa de integrar a tecnologia à sua rotina.

Quando tentamos ignorá-la ou nos forçamos a evitar o uso, o cérebro entra em modo de resistência. Ele interpreta como se estivéssemos sendo privados de algo essencial, e aí o desejo aumenta ainda mais. É como uma criança que você diz para não mexer em algo. A curiosidade e a vontade só crescem.

Então, que tal acolher a tecnologia, aceitar que ela veio para ficar e fazer dela uma aliada real? Coloque-a dentro de casa como uma parceira. Cumprimente-a, "contrate" uma assistente virtual, personalize o seu celular com lembretes estratégicos: datas de consultas médicas, vencimento de contas, entrega de compras, recados importantes. Deixe que o celular lembre dessas pequenas coisas por você e libere sua mente para o que realmente importa: os membros vivos da sua casa.

Faz sentido isso para você? Não estou dizendo para ficar o dia inteiro pendurado(a) no celular, e sim para automatizar processos que drenam energia e que podem ser facilmente delegados. Agendar *check-ups*, lembrar de tomar remédio, organizar a rotina da semana. Tudo isso pode ser realizado com recursos tecnológicos.

A grande chave está em usar a tecnologia a favor da vida, não no lugar da vida. O celular não deve competir com seu filho pelo seu olhar, nem substituir uma conversa com seu companheiro. Mas pode, sim, ajudá-lo(a) a lembrar de preparar aquele jantar especial, ou avisá-lo(a) que chegou a hora de sair para buscar seu filho na escola.

Com carinho, você pode transformar a tecnologia em uma aliada emocional, funcional e organizadora. E, acredite, quando ela tem um lugar definido na sua rotina, ela deixa de ser um peso invisível e passa a ser uma engrenagem silenciosa que faz tudo girar com mais leveza.

A tecnologia não é, por si só, uma vilã ou uma aliada — tudo depende de como a utilizamos. Pequenas mudanças na forma como interagimos com o mundo digital podem fazer toda a diferença para a saúde mental. O convite é para que cada um reflita: você está no controle da tecnologia ou é controlado por ela?

E se a resposta for que ainda não está no controle, tudo bem. O primeiro passo é tomar consciência e começar pequeno. A boa notícia é que você não precisa fazer isso sozinho(a) — nem desconectado(a). A tecnologia certa, usada do jeito certo, pode ser exatamente a mão que você precisa para começar a se reorganizar.

Talvez, ao ler este capítulo, você tenha se reconhecido em vários momentos. Talvez tenha sentido aquele alívio silencioso por saber que não é só você que se sente sobrecarregada, distraída ou esgotada. E tudo bem. A nossa mente, tão potente e sensível, precisa de pausas e também de apoio — e é aí que a tecnologia pode entrar, não como vilã, mas como suporte.

Quando usamos a tecnologia com intenção, ela vira uma extensão de como nos organizamos, do nosso cuidado, da nossa presença no mundo. Ela pode guardar as datas que a sua mente cansada esquece, organizar as tarefas que a sobrecarregam e até lembrá-la de beber água em um dia corrido. Tudo isso não é controle: é gentileza consigo mesma.

Não se trata de viver no digital, mas de viver melhor com ele. De ter mais espaço interno para o que realmente importa. De usar a tecnologia como ponte, não como prisão. De ensinar nossos filhos a usarem-na com sabedoria, a observarem nossa relação com o celular como exemplo. E de lembrar que viver com mais leveza também passa pelas escolhas simples do cotidiano.

Se eu puder lhe deixar uma última mensagem, é essa: escolha fazer as pazes com a tecnologia. Convide-a para ser parte da sua vida, com respeito, consciência e limites claros. Não para lhe dominar, mas para lhe libertar.

E, quando sentir que está se perdendo, respire. Recomece. Ajuste. Replaneje. Lembre-se de que sempre é tempo de escolher uma nova forma de viver — mais leve, mais conectada com o que importa, mais sua.

"Entre a tela e o toque,
escolha o equilíbrio."

Mila Blotta

Crédito: Wanessa Emilly.

Mítia Montenegro

Sou Mítia Montenegro, natural de Natal/RN, mãe de Carolina e Beatriz. Escritora, arquiteta e psicóloga. Especializei-me ems saúde mental, Neurobiologia, Psicofarmacologia, Terapia Cognitivo-Comportamental (TCC) e autismo. Além disso, sou idealizadora do projeto social Doe Amor.

Como palestrante na área psicológica, treinadora de líderes e equipes empresariais, ajudo a potencializar profissionais. Realizo imersões para mulheres, promovendo autoconhecimento e transformação.

Com ampla experiência na prevenção ao suicídio e no combate à violência contra a mulher, contribuo com ações e debates que impactam vidas. Meu propósito é ser um instrumento de transformação social, promovendo bem-estar e qualidade de vida.

mitiamontenegro

+55 (84) 99481-8306

www.mitiamontenegro.com

mitiamontenegro@hotmail.com

mitiamontenegro

UM OLHAR PARA
A SAÚDE MENTAL
Caminhos para uma vida equilibrada

SAÚDE MENTAL E SUA RELEVÂNCIA

24

Por Mítia Montenegro

A saúde mental constitui um elemento vital, frequentemente desconsiderado, mas crucial para a qualidade de nossa existência. Ela se relaciona intimamente com nossos pensamentos, sentimentos e comportamentos, formando a base de todas as nossas interações e decisões.

Segundo Aaron Beck (1976), nossos pensamentos influenciam diretamente nossas emoções e a forma como nos sentimos em relação a diferentes situações. Esse conceito ilustra como nossos pensamentos impactam diretamente nossas emoções e, por consequência, nossas ações. Judith Beck (2011, p. 73) complementa: "só porque você pensa algo, não significa que seja verdade", ressaltando que a simples presença de um pensamento não garante sua veracidade.

A saúde mental transcende a ausência de transtornos mentais, englobando também o equilíbrio emocional e psicológico. Trata-se de um estado contínuo que capacita o indivíduo a enfrentar os desafios da vida, cultivar relações saudáveis e fazer escolhas assertivas. Segundo a Organização Mundial da Saúde (OMS, 2025a), a saúde mental é definida como um estado de bem-estar que permite ao indivíduo desenvolver suas capacidades, enfrentar o estresse diário, adaptar-se às exigências da vida e contribuir para a sociedade. Nesse sentido, a adoção de hábitos saudáveis como praticar atividades físicas e manter uma dieta equilibrada é fundamental para o bem-estar mental. Vale lembrar também que o apoio familiar, as condições laborais e o contexto socioeconômico têm um papel significativo na regulação emocional e na formação da resiliência psicológica.

Políticas públicas e a promoção da saúde mental

Compreender a saúde mental implica adotar uma postura proativa, priorizando a prevenção, a promoção de ambientes saudáveis e o desenvolvimento de estratégias eficazes de autocuidado. Medidas eficazes incluem: ampliação do acesso a serviços de saúde mental no Sistema Único de Saúde (SUS) e em outras redes públicas, formação contínua de profissionais para diagnóstico e tratamento precoces, implementação de programas de apoio psicológico em instituições de ensino, promovendo-se o desenvolvimento emocional desde a infância; e campanhas nacionais de conscientização para reduzir o estigma e encorajar a busca por ajuda profissional.

O suicídio como um desafio de saúde pública

"O suicídio é um fenômeno social global e um desafio de saúde pública", afirma Émile Durkheim em sua obra *Le suicide*, definindo-o como "todas as mortes que resultam, direta ou indiretamente, de um ato, positivo ou negativo, realizado pela própria vítima, que tinha consciência de que isso produziria tal resultado" (Durkheim, 1897, p. 45).

Conforme dados da OMS (2014), o suicídio corresponde a uma morte a cada 40 segundos, totalizando aproximadamente 800 mil óbitos anuais. Esse fenômeno é uma das três principais causas de morte entre jovens de 15 a 29 anos. Cerca de 90% dos casos poderiam ser evitados com maior conscientização sobre os sinais de alerta e acesso a intervenções adequadas. O psiquiatra Neury Botega ressalta que "o risco de suicídio, apesar dos cuidados na formulação, se afasta da ideia de prever quem irá, ou não, cometer suicídio" (Botega, 2009, p. 92).

Embora as estatísticas sobre mortes por suicídio sejam preocupantes, muitas vezes essas mortes são subnotificadas. O Ministério da Saúde observa que, embora a morte seja registrada, a causa nem sempre é identificada, pois o tabu é significativo. Além de sub-registro e de subnotificação, há o problema dos suicídios que se "escondem" sob outras causas de morte, como acidentes automobilísticos, afogamentos, envenenamentos acidentais e "morte de causa indeterminada" (Gotsens *et al.*, 2011).

Sinais de alerta

O suicídio raramente ocorre de maneira impulsiva. Na maioria das situações, existem sinais de alerta que, quando detectados de forma precoce, podem possibilitar intervenções eficazes e prevenir tragédias. Alguns indícios incluem: expressões verbais de desesperança, desamparo e falta de propósito; isolamento social, afastamento de familiares e abandono de atividades anteriormente prazerosas; mudanças abruptas de humor, incluindo uma melhora súbita após um longo período de depressão, o que pode indicar a tomada de decisão para um ato extremo; comportamentos autodestrutivos, como abuso de substâncias, automutilação e exposição a situações de risco; distribuição de pertences pessoais e mensagens de despedida.

O estigma e a relevância do diálogo

O estigma relacionado à saúde mental representa um dos principais obstáculos que impedem a busca por apoio. Infelizmente, a sociedade associa doenças mentais à fraqueza, levando aqueles que sofrem a evitarem discutir suas dificuldades. Por isso, o apoio de familiares, amigos e da sociedade é crucial para que aqueles que enfrentam esses desafios busquem ajuda profissional. Nesse contexto, o diálogo é fundamental para criar um ambiente acolhedor e empático, em que as pessoas não se sintam isoladas.

Efeitos Werther e Papageno

Os efeitos Werther e Papageno tratam da influência da mídia sobre o comportamento suicida, mas de maneiras opostas. O efeito Werther refere-se ao risco de contágio e diz respeito ao aumento dos casos de suicídio após a cobertura extensiva de um caso específico pela mídia. O termo deriva do romance *Os sofrimentos do jovem Werther*, de Goethe (1774), no qual o protagonista se suicida devido a um amor não correspondido, levando a relatos de jovens que cometeram suicídio de forma semelhante, inspirados pelo personagem.

Reportagens sensacionalistas, segundo a OMS, podem elevar as taxas de suicídio. Esse efeito é mais pronunciado quando o suicídio é romantizado ou apresentado como uma solução para problemas, quando os métodos utilizados são descritos em detalhes, ou quando há uma exposição midiática sem orientações preventivas.

Por outro lado, o efeito Papageno, que enfatiza o poder da prevenção, descreve o impacto positivo da divulgação responsável de histórias de superação e prevenção do suicídio. O nome vem da ópera *A flauta mágica*, de Mozart, em que o personagem Papageno considera o suicídio, mas desiste ao receber apoio e descobrir novas perspectivas. Esse efeito é fortalecido quando são compartilhadas histórias de superação e estratégias de enfrentamento, quando se destaca que existem alternativas e que a ajuda está disponível.

Saúde mental e violência contra a mulher

A violência contra a mulher é um grave problema de saúde pública e uma séria violação dos direitos humanos. De acordo com a OMS (2025b), "uma em cada três mulheres já enfrentou algum tipo de violência física, psicológica ou sexual ao longo da vida". Maria da Penha afirma: "a vida só começa quando a violência termina" (Penha, 2006, p. 45). Essa forma de agressão não compromete apenas a integridade física da vítima, mas também sua saúde mental, podendo resultar em transtornos como depressão, ansiedade, transtorno de estresse pós-traumático (TEPT), aumento do risco de abuso de substâncias, automutilação e até ideação suicida.

A Lei Maria da Penha (Lei nº 11.340/2006) prevê cinco tipos de violência: física, que inclui agressões corporais que podem causar traumas físicos e emocionais; psicológica, que envolve insultos, humilhações, ameaças e manipulações que afetam a autoestima e a autonomia da vítima; sexual, que abrange abuso sexual, estupro e coerção; e econômica e patrimonial, que diz respeito ao controle financeiro e à privação de recursos, impactando a independência da mulher e aumentando sua vulnerabilidade.

Uma nova perspectiva sobre a saúde mental

Embora setembro seja o mês dedicado à campanha de prevenção ao suicídio, a atenção à saúde mental deve ser uma prioridade durante todo o ano. O suicídio não ocorre apenas no mês dedicado à prevenção. Se não reconhecermos que o combate a essa questão exige uma ação intersetorial, social e contínua, não conseguiremos enfrentar essa realidade. Para prevenir tais mortes, é essencial incentivar a sociedade a discutir o tema, ensinar como acolher pessoas em risco e as formas de prevenção.

A desconstrução do estigma em torno da saúde mental demanda um esforço coletivo de conscientização, no qual o diálogo aberto, a informação qualificada e o acesso a serviços especializados sejam promovidos.

Procure ajuda quando necessário. O Centro de Valorização da Vida (CVV) oferece apoio emocional gratuito e prevenção ao suicídio, pelo telefone 188 (24 horas, com ligação gratuita), além de *chat*, *e-mail* e presencialmente em diversos locais. Busque ajuda. Sua vida tem valor.

BIBLIOGRAFIA

BECK, A. T. *Cognitive Therapy and the Emotional Disorders*. New York: International Universities Press, 1976.

BECK, J. S. *Cognitive Therapy*: Basics and Beyond. New York: Guilford Press, 2011.

BOTEGA, N. *Suicídio e prevenção*: uma abordagem psicossocial. 2. ed. São Paulo: Editora Roca, 2009.

BRASIL. *Lei Maria da Penha nº 11.340, de 7 de agosto de 2006*. Disponível em: https://shre.ink/MQqk. Acesso em: 5 abr. 2025.

BRASIL. Ministério da Saúde. *Impacto da violência na saúde dos brasileiros*. Brasília: Ministério da Saúde, 2005. Disponível em: https://shre.ink/MQSY. Acesso em: 5 abr. 2025.

CENTRO de Valorização da Vida (CVV). O CVV. Disponível em: https://cvv.org.br/o-cvv/. Acesso em: 5 abr. 2025.

DURKHEIM, É. *Le suicide*: étude de sociologie. 2. ed. Paris: Alcan, 1897.

GOETHE, J. W. V. *Os sofrimentos do jovem Werther*. São Paulo: Editora XYZ, 1774.

GOTSENS, M. *et al*. *Suicídios e subnotificação*: um estudo sobre causas de morte em diversos países. Barcelona: Editorial Médica, 2011.

MOZART, W. A. *A flauta mágica*. [*S. l.*]: [*s. n.*], 1791.

ORGANIZAÇÃO MUNDIAL DA SAÚDE (OMS). *Prevenção do suicídio*: um imperativo global. [*S. l.*]: OMS, 2014. Disponível em: https://shre.ink/MQtU. Acesso em: 5 abr. 2025.

ORGANIZAÇÃO MUNDIAL DA SAÚDE (OMS). *Saúde mental*: fortalecendo nossa resposta. 2. ed. [*S. l.*]: OMS, 2025a. Disponível em: https://shre.ink/MQtn. Acesso em: 5 abr. 2025.

ORGANIZAÇÃO MUNDIAL DA SAÚDE (OMS). *Violência contra a mulher*: fato sobre saúde. [*S. l.*]: OMS, 2025b. Disponível em: https://shre.ink/MQtQ. Acesso em: 5 abr. 2025.

ORGANIZAÇÃO MUNDIAL DA SAÚDE (OMS). *Prevenção do suicídio*: um manual para profissionais de saúde. [*S. l.*]: OMS, 2000. Disponível em: https://shre.ink/MQtp. Acesso em: 5 abr. 2025.

PENHA, M. da. *Sobreviver para contar*: a trajetória de uma mulher que se tornou símbolo da luta contra a violência doméstica. 2. ed. Rio de Janeiro: Pallas, 2006.

"Cuidar da mente é um processo, não um destino. Acolha suas emoções, respeite seu tempo e permita-se evoluir."

Mítia Montenegro

DSM-5-TR™
MANUAL DIAGNÓSTICO
E ESTATÍSTICO DE
TRANSTORNOS MENTAIS
5ª EDIÇÃO TEXTO REVISADO

Paula Lima

Sou Paula Lima, psicóloga apaixonada pela remissão total do sofrimento. Atuo como escritora, mentora e palestrante, integrando múltiplas ciências como a Terapia Cognitivo-Comportamental (TCC), Neurociência, Psicologia Positiva, Psicopatologia, entre outras. Acredito que o impossível é só um limite mental, e que toda dor pode ser ressignificada. Desperto coragem, autenticidade e autoconfiança em pessoas que estão prontas para reencontrarem seu propósito.

eipaulalima

O PARADOXO DA COMPARAÇÃO

25

Por Paula Lima

A prisão invisível

Desde a infância, aprendi que a vida era uma competição. Ser apenas boa não era suficiente. Precisava ser a melhor. Ouvi que deveria me destacar, que deveria me esforçar além do comum. Mas ninguém me ensinou a lidar com o peso de nunca me sentir suficiente.

Lembro de um episódio na escola que me marcou: era um dia importante, tinha ensaiado por semanas para uma apresentação e queria que tudo fosse perfeito. Mas, quando o momento chegou, minha voz tremeu, meu coração disparou e as palavras saíram atropeladas. Enquanto os aplausos iam para outra pessoa, me perguntei: "O que falta em mim?". Essa pergunta ecoou em minha mente por anos. Cresci carregando a sensação de que sempre havia alguém melhor. Comparava minhas conquistas, aparência, inteligência. Cada vitória parecia pequena diante do que via nos outros. Mas eu não percebia um detalhe fundamental: estava me medindo por uma régua que nunca foi feita para mim.

A comparação virou uma âncora, prendendo-me ao medo de nunca ser o bastante. Esse peso foi se acumulando, me fazendo duvidar de cada passo, de cada conquista, e me tornando refém de uma validação que nunca vinha de dentro.

Há algo que a maioria das pessoas não percebe sobre a comparação: ela nos afasta de quem realmente somos. Quando tentamos nos encaixar em padrões que não refletem nossa essência, começamos a trilhar caminhos que não são nossos. Nós nos distanciamos do que realmente faz sentido, moldando uma identidade que nos aprisiona em vez de nos libertar. Começamos a viver para sermos aceitos, não para sermos autênticos. E esse é o início de uma prisão silenciosa, na qual seguimos funcionando, mas sem nos sentir verdadeiramente vivos.

Eu fui essa criança que, muitas vezes, se sentiu deslocada — não porque não tivesse valor, mas porque acreditava que precisava alcançar algo fora de mim para ser aceita. Eu sonhava em ter um par de patins. Toda véspera de Natal, me enchia de expectativa, esperando que aquele fosse o ano em que, finalmente, realizaria esse desejo. Mas os patins nunca chegaram. E, naquele silêncio da ausência, entendi que esperar não me levaria a lugar nenhum. Se eu quisesse algo, teria que criar meu próprio caminho.

Aos 13 anos, comecei a vender cachorro-quente. Enquanto outros adolescentes se divertiam, eu fazia contas, atendia clientes e observava comportamentos. Sem perceber, ali já nascia minha paixão pelo comportamento humano. Eu não via aquilo como uma limitação, mas como um primeiro passo. Aprendi sobre independência, estratégia e, principalmente, sobre a força que existe em quem não se permite parar.

Foi, então, que descobri algo essencial: o poder de fazer acontecer e não depender de circunstâncias para construir meu futuro. Hoje, não pesquiso múltiplas ciências por acaso, estudo com propósito. Investigo causas, mergulho nas raízes do sofrimento humano, porque acredito que os sintomas são apenas a superfície. O que adoece está mais fundo: nas crenças distorcidas, nos traumas silenciosos, na história que não foi acolhida. Quero ajudar as pessoas a reconhecerem isso: a olharem para si com compaixão, coragem e clareza, a libertarem-se das comparações que as aprisionam e se reconectarem com o que sempre existiu dentro delas, a sua verdade.

No fim das contas, não se trata de ser melhor que os outros, mas de ser inteiro, de ser você, com tudo que o forma, sem precisar provar nada a ninguém. É sobre se pertencer. E essa, talvez, seja a maior liberdade que alguém pode conquistar.

É curioso como a comparação se disfarça de parâmetro de evolução. Às vezes, ela vem disfarçada de inspiração, outras vezes de exigência. A comparação se torna uma forma de medir o progresso, mas com base em caminhos que não são seus. E é nesse ponto que muitos se perdem: buscando se encontrar em espelhos que não refletem sua essência. A régua do outro nunca vai medir com exatidão a sua construção.

A verdade é que, enquanto estivermos ocupados demais tentando alcançar a versão idealizada da vida alheia, deixaremos de enxergar a beleza do nosso próprio processo, vamos ignorar nossas pequenas conquistas, desvalorizar nossa trajetória e reduzir nosso valor àquilo que acreditamos não ser. E é aí que mora o paradoxo da comparação: acreditamos que ela nos guia, mas, na realidade, ela nos desvia. Acreditamos que ela nos mostra em que melhorar, quando, na verdade, ela nos desconecta daquilo que temos de mais autêntico.

A comparação distorce a percepção, mina a autoestima e nos faz acreditar que o melhor está sempre fora, nunca dentro. Mas há um ponto de virada, um momento em que escolhemos parar de nos violentar com cobranças irreais e começamos a trilhar uma jornada de reconexão. Uma jornada em que a comparação perde espaço para a compaixão, em que deixamos de nos exigir perfeição e passamos a cultivar presença. Uma jornada em que, finalmente, entendemos: não precisamos ser iguais a ninguém para sermos extraordinários.

O mecanismo da comparação – a armadilha moderna

A Teoria da Comparação Social, desenvolvida por Leon Festinger (1954), mostra que os seres humanos avaliam seu valor observando os outros. No passado, isso nos ajudava a aprender e a sobreviver. Mas, na era digital, essa comparação se tornou uma armadilha perigosa. Agora, não nos comparamos apenas com pessoas do nosso círculo. Nós nos medimos com milhões de vidas editadas, filtradas e construídas para parecer inalcançáveis.

As redes sociais criaram uma ilusão de perfeição inatingível, em que todo mundo parece estar vivendo melhor do que nós. Pessoas sorrindo em viagens incríveis, conquistando sucesso financeiro e vivendo amores arrebatadores. Mas o que não vemos são os bastidores, as dores escondidas, as dificuldades que nunca são expostas.

Você já percebeu como sempre há alguém mais bem-sucedido, mais bonito, mais realizado do que você? Essa sensação não é um acaso. As redes sociais foram projetadas para nos manter insatisfeitos. A comparação excessiva não nos impulsiona, ela nos paralisa; nos faz duvidar de nós mesmos; nos faz acreditar que nunca chegaremos lá. A sensação de impotência cresce, e, sem perceber, nos tornamos reféns daquilo que mais tememos: a sensação de inadequação.

Você já se pegou olhando a vida de outra pessoa e se perguntando por que ela parece ter tudo enquanto você se sente estagnado? Essa angústia silenciosa destrói a autoestima e gera um ciclo de frustração que se retroalimenta. Mas há um caminho para sair disso.

O impacto neurológico da comparação

A ciência comprova que quando nos comparamos de forma negativa, ativamos a amígdala cerebral, área responsável pelo medo e pela resposta ao estresse (LeDoux, 2020). Isso gera reações fisiológicas no nosso corpo, como:

- aumento do cortisol, o hormônio do estresse (Sapolsky, 2017);
- redução da dopamina, o neurotransmissor do prazer e da motivação (Volkow *et al.*, 2019);
- hiperativação do sistema de alerta, fazendo com que nos sintamos sempre em dívida com a vida.

Nosso cérebro, em um estado de alerta constante, começa a enxergar a vida como uma competição interminável. Cada pequena conquista perde seu valor porque há sempre alguém aparentemente à frente. Essa pressão contínua gera fadiga mental, procrastinação e, até mesmo, bloqueios emocionais que impedem o progresso. Agora, eu lhe pergunto: "Quantas vezes você já deixou de reconhecer seu próprio progresso porque estava ocupado demais olhando para os lados?". Se isso faz sentido para você, talvez seja hora de mudar.

O perigo da expectativa social

A sociedade impõe padrões irreais que nos fazem sentir insuficientes. Desde a infância, somos ensinados a nos encaixar em moldes de sucesso que, muitas vezes, não correspondem aos nossos verdadeiros valores. Criamos uma busca incessante por validação externa e, ao percebermos que nunca conseguimos atender todas as expectativas, nos sentimos frustrados e inseguros. Mas o que aconteceria se parássemos de buscar aprovação e começássemos a definir o sucesso por nossas próprias métricas?

O caminho para iniciar a restruturação cognitiva

A boa notícia? A Neurociência e a Terapia Cognitivo-Comportamental (TCC) mostram que podemos reprogramar nosso cérebro para quebrar esse ciclo de comparação. A seguir, estão algumas estratégias comprovadas.

1. Identifique suas crenças centrais — muitos dos nossos pensamentos sabotadores vêm de crenças internalizadas na infância. A TCC nos ensina

que podemos questioná-las. Pergunte-se: essa crença é realmente minha ou foi imposta por alguém? (Beck, 1976).

2. Pratique a reestruturação cognitiva – sempre que você se pegar pensando: "Eu nunca serei tão bom quanto aquela pessoa", reformule esse pensamento. Por exemplo, pense: "Estou em um processo de crescimento e minha jornada é única" (Burns, 1980).
3. Desenvolva a gratidão ativa – estudos mostram que escrever três pequenas conquistas diárias ativa o córtex pré-frontal, fortalecendo uma autoimagem positiva (Emmons & McCullough, 2003). Você pode começar hoje.

Agora que você tomou consciência de como a comparação rouba sua paz e distorce sua percepção, é impossível voltar atrás. Você pode continuar prisioneiro de padrões irreais, buscando validação em olhares que nunca serão suficientes, ou pode romper esse ciclo agora e escolher se tornar a única referência que realmente importa — você mesmo.

Mas entenda uma coisa: a régua que mede seu valor nunca esteve nas mãos dos outros, sempre esteve nas suas. E cada dia que você adia essa decisão é um dia a mais que você se diminui. A pergunta é: "Você vai continuar se moldando para caber em expectativas que não são suas ou, finalmente, assumir o protagonismo da sua história?".

A resposta não está no futuro, está na sua próxima escolha.

BIBLIOGRAFIA

BECK, A. T. *Cognitive Therapy and the Emotional Disorders*. New York: International Universities Press, 1976.

BURNS, D. D. *Feeling Good*: The New Mood Therapy. New York: HarperCollins, 1980.

EMMONS, R. A.; MCCULLOUGH, M. E. Counting Blessings Versus Burdens: An Experimental Investigation of Gratitude and Subjective Well-Being in Daily Life. *Journal of Personality and Social Psychology*, v. 84, n. 2, p. 377–389, 2003.

FESTINGER, L. A Theory of Social Comparison Processes. *Human Relations*, v. 7, n. 2, p. 117–140, 1954.

LeDOUX, J. *The Deep History of Ourselves*: The Four-Billion-Year Story of How We Got Conscious Brains. New York: Viking, 2020.

SAPOLSKY, R. M. *Behave*: The Biology of Humans at Our Best And Worst. New York: Penguin Press, 2017.

VOLKOW, N. D. *et al.* The Neuroscience of Drug Reward And Addiction. *Neuropsychopharmacology Reviews*, v. 44, p. 20–37, 2019.

"Ninguém lhe deve mais do que você. Cuidar--se é voltar para casa. A comparação adoece quando o(a) faz esquecer de quem você é."

Paula Lima

Padre dr. Rino Bonvini

Sou o padre Rino Bonvini, médico psiquiatra. Missionário Comboniano, fundador e presidente do Movimento Saúde Mental (MSM). Idealizador da Abordagem Sistêmica Comunitária, uma socioterapia de múltiplo impacto, que foi reconhecida em 2017 como inovação em saúde mental pela Mental Health Innovation Network (MHIN). Possuo graduação em Medicina e Cirurgia pela Universitá degli Studi de Milão (Itália), graduação em Teologia, pós-graduação em Terapia Familiar e Terapia Comunitária pela Universidade Federal do Ceará (UFC) e Musicoterapia (Graduale), mestrado em Teologia Sistemática pela Universidade CTU de Chicago (EUA) e doutorado em Saúde Coletiva pela Universidade de Fortaleza (UNIFOR). Sou pós-doutorando em Etnopsiquiatria na Universidade Intercultural de Michoacan (México). Também sou autor do livro *Abordagem Sistêmica Comunitária: uma socioterapia de múltiplo impacto.*

movimentosaudemental

www.movimentosaudemental.org

rinobonvini@gmail.com

UM OLHAR PARA
A SAÚDE MENTAL
Caminhos para uma vida equilibrada

ABORDAGEM SISTÊMICA COMUNITÁRIA

26

Por Padre dr. Rino Bonvini

O Movimento Saúde Mental (MSM) é uma Organização da Sociedade Civil, situado na periferia de Fortaleza, que atua na promoção da saúde mental, tendo como eixo principal as Práticas Integrativas e Complementares (PICS).

O MSM começou suas atividades em 1996, acolhendo as pessoas e oferecendo um espaço de escuta e de cuidados para a população do Grande Bom Jardim, proporcionando várias atividades socioterapêuticas.

O projeto do MSM é uma experiência de "autopoiese comunitária", ou seja, quando a comunidade é acolhida e escutada, são fornecidas ferramentas e oportunidades necessárias para o autoconhecimento, o tecido vivo do sistema comunitário se autorreproduz e se regenera com uma nova configuração existencial.

Quando a pessoa e a coletividade são convidadas a ser protagonistas do próprio desenvolvimento, surgem, sintropicamente, as respostas apropriadas às demandas e às necessidades que elas têm, orientadas pelo princípio de autoequilíbrio e de homeostase sistêmica. É uma questão de autoconfiança, autoestima e independência. Por isso, quem cuida de comunidades tem que ser um facilitador de processos autopoiéticos, e não o realizador de projetos paternalista e assistencialista, os quais reproduzem o padrão da dependência e da exploração típica do colonialismo.

As atividades da Abordagem Sistêmica Comunitária (ASC) desenvolvidas no MSM seguem os seguintes passos: acolher, escutar, cuidar, gerar novos caminhos de solução e, finalmente, assumir a própria corresponsabilidade e autonomia, consigo mesmo e com a comunidade.

As práticas de cuidado e a amorosidade proporcionadas nas vivências individuais ou grupais favorecem uma intensificação da comunicação (trofolaxe comunitária) caracterizada por três eixos: o intrapessoal, o interpessoal e o transpessoal, com a dimensão sagrada de cada ser, de acordo com a própria mística e espiritualidade.

Esse processo de troca, partilha, experiências, conhecimentos e sabedoria favorece a emergência sintrópica de novas soluções, surpreendentes e inesperadas, fruto do processo autopoiético e da tendência homeostática dos sistemas vivos.

A maior parte dos participantes e dos usuários das atividades terapêuticas da ASC são oriundos da cultura rural, com as suas características comunitárias de partilha e solidariedade, que, no meio urbano precário, deparam-se com um território socioeconomicamente vulnerável e com relacionamentos sociais fragmentados e anônimos. Sem uma rede afetiva que ajuda a sustentar as dificuldades, eles não sabem lidar com os medos e as angústias geradas nesse ambiente frequentemente hostil e perigoso. Nesse contexto, a violência urbana — com assaltos, tiroteios e homicídios tipo "queima de arquivos", que aumentam anualmente — integra o cotidiano dessas pessoas.

Em um contexto de imigração e de miscigenação cultural, característico das periferias das grandes cidades brasileiras, é fundamental uma abordagem que acolha, respeite e valorize a cultura e a história das pessoas.

A experiência de desenraizamento cultural provoca uma série de consequências: os jovens experimentam uma variedade de ajustes emocionais e cognitivos que aumentam o risco de desenvolver problemas psicossociais, como evasão escolar, dependência química e maior contato com os traficantes. Essa é uma grande preocupação das mães atendidas nos grupos terapêuticos do MSM. Elas são também, frequentemente, as provedoras da família, que é caracterizada pela ausência do pai por causa de diferentes fatores, como dependência química, desemprego, promiscuidade com outras famílias, migração definitiva para outras cidades, entre outros.

As experiências clínicas e terapêuticas com a comunidade do Bom Jardim, com uma grande quantidade de pessoas que moram em condições de extrema pobreza, são caracterizadas por relatos de frequentes mudanças. Essa situação desorganizada e precária favorece o surgimento de patologias, como transtornos de ansiedade, depressão reativa e uso de drogas lícitas e ilícitas, caracterizando a população atendida no MSM, cuja maioria é constituída por mulheres de baixa renda e com sua saúde mental frequentemente fragilizada.

Essa vivência comum possibilitou a identificação de uma série de sintomas que, em termos biomédicos, apontam para o transtorno de estresse pós-traumático (TEPT). O sintoma principal para esse diagnóstico é a presença de um fato muito estressante, o qual, quando relembrado, desenvolve um gatilho que desencadeia, na maioria das pessoas, uma crise com vários sintomas de mal-estar. Somam-se a isso os fatores advindos da violência urbana e da ausência de atenção básica, como segurança pública, infraestrutura sanitária, saúde pública, espaços culturais de recreação e lazer, entre outros.

Nesse contexto complexo e problemático, é necessária uma abordagem biopsicossocioespiritual como a ASC, que considere as várias dimensões do sofrimento psíquico. As feridas ancestrais oriundas da escravidão e as consequências do racismo estrutural ressaltam a necessidade da valorização das crenças e dos referenciais culturais e espirituais, que podem ser ativados para as respostas terapêuticas e a ressignificação da dor existencial e clínica.

Para a ASC, é muito importante conhecer as várias expressões da fé e da espiritualidade do povo, acolhendo-as como elemento fundamental do processo terapêutico e evolutivo da pessoa. A visão biopsicossocioespiritual fortalece todos os elementos da complexidade antropológica do ser em vista de um fortalecimento e de uma integração das várias dimensões. Por isso, são necessárias abertura e tolerância em relação à diversidade de opções e de crenças dos participantes das várias atividades do MSM.

Demonizar ou discriminar a religião dos outros, além de ser um crime, segundo a Constituição brasileira, é uma expressão de racismo estrutural que contribui para o desenvolvimento da Síndrome da Colonialidade Internalizada.

Sargant (1997), em seu livro *Battle for the Mind: A Physiology of Conversion and Brain-Washing*, afirma que as crenças podem ser manipuladas e usadas por diferentes grupos políticos, sociais ou religiosos para "converter" os adeptos e aumentar, de maneira proselitista, o número das "ovelhas do rebanho". Esse tipo de lavagem cerebral, induzido pelas *fake news* e pelo negacionismo, alimenta um "gado" submisso, obediente e fundamentalista, que pode, com convicção religiosa, pregar a subversão das instituições democráticas, a apologia à tortura e o uso indiscriminado de armas.

A ASC, do ponto de vista ético, visa empoderamento, autonomia, autorrealização e liberdade de expressão da pessoa; por isso, sempre são oferecidas técnicas e vivências para fortalecer as crenças pessoais, sem cair na ambiguidade de usar a vulnerabilidade das pessoas para convencê-las sobre "verdades" e convertê-las a sistemas de pensamentos considerados melhores. Frequentemente, encontramos pessoas que foram condicionadas a pensar a dimensão transcendente como algo assustador, perigoso, aterrorizante, com figuras sagradas prontas para a retribuição divina de ações e comportamentos errados.

Muitas vezes, o substrato de patologias psicológicas e psiquiátricas se enraíza no medo e na culpa gerados por sistemas religiosos condicionantes e repressores. O objetivo da ASC é gerar um relacionamento baseado na percepção do transcendente como amor incondicional, vivenciando o espaço-sagrado para a construção de um mundo pacífico e justo.

No processo autopoiético comunitário, escutando empaticamente as pessoas, foi detectada a Síndrome da Colonialidade Internalizada.

Vários fatores biopsicossocioespirituais podem influenciar a anamnese desse diagnóstico:

- o nível de racismo multidimensional experimentado;
- as condições socioeconômicas;
- as consequências da miséria e da desnutrição no desenvolvimento neurológico e cognitivo;
- as oportunidades de acesso aos serviços públicos de educação, saúde, cultura e lazer;
- uma pedagogia de gênero que não respeita as diversidades;
- a violência estrutural que perpetua a desigualdade;
- a experiência de uma espiritualidade libertadora ou repressiva, ecumênica ou fundamentalista, amorosa ou baseada no medo e na culpa.

Não se trata de um simples complexo de inferioridade de uma pessoa colonizada que sente inveja dos privilégios dos "gringos", mas de uma síndrome que inferioriza, que relega no abismo de uma escravidão assumida inconscientemente, com uma conformação ao estado subalterno e submisso, sem perspectivas de emancipação.

Tudo isso gera sofrimento psíquico, sintomas e transtornos de saúde mental. Também resulta no hábito da carência, da dependência emocional, com vazios existenciais que não podem ser preenchidos, com a paralisia de uma prosperidade não merecida; uma pobreza e uma miséria que se internalizam como *modus vivendi*.

"Eu não presto, não sou capaz, nunca vou conseguir". Uma negação da potência do Ser, um corte de asas metafórico, uma águia capaz de desafiar os céus majestosos, condenada a se sentir como uma galinha em um galinheiro de quintal; nada de mais adoecedor para uma mulher que vibra quando há uma dança ou um ritmo de tambor, ou uma pintura no corpo, ou quando evocam a sua verdadeira origem, o seu verdadeiro lugar no mundo.

É a saudade de uma nova Casa Comum livre, na qual a mulher tem direitos e não sofre humilhação e preconceitos por sua cor, raça, orientação sexual, classe social ou posição acadêmica, na qual ela pode expressar-se, realizar sonhos e propósitos e ser a sua melhor versão.

O diagnóstico da Síndrome da Colonialidade Internalizada evoca a necessidade da requalificação dos profissionais de saúde mental. Exige a superação dos modelos ortodoxos e a construção de novas abordagens. Uma ortopraxia interseccional que olha para múltiplas categorias como cultura, raça, gênero, classe e epistemologia.

A ASC promove a renovação e a decolonização da saúde mental.

BIBLIOGRAFIA

BOFF, L. *O despertar da águia*: o diabólico e o simbólico na construção da realidade. Petrópolis: Vozes, 1998.

BONVINI, R. *Abordagem Sistêmica Comunitária:* uma socioterapia de múltiplo impacto. Fortaleza: Umehara Parente, 2023.

FANON, F. *Pele negra, máscaras brancas*. Salvador: EDUFBA, 2008.

SARGANT, W. *Battle for the Mind*: A Physiology of Conversion and Brainwashing. How evangelists, Psychiatrists, Politicians, and Medicine Men can change your beliefs and behavior. Cambridge, MA: Margaret Sargant, ISHK, 1997.

SOUSA, J. J. F. *Como o racismo criou o Brasil.* Rio de Janeiro: Estação Brasil, 2021.

SPIVAK, G. C. *Pode o subalterno falar?* 5. ed. Belo Horizonte: UFMG, 2021.

"Abordagem Sistêmica Comunitária (ASC), uma socioterapia de múltiplo impacto que promove a renovação e a decolonização da saúde mental."

Padre cr. Rino Bonvini

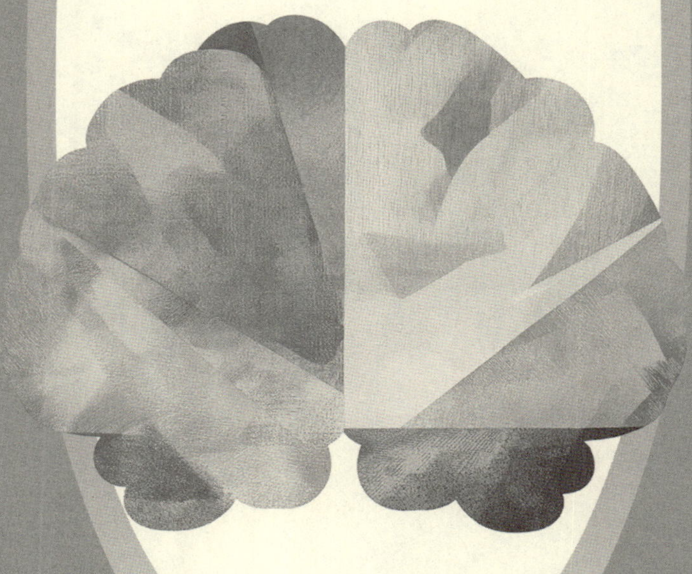

Samara Macedo

Meu nome é Samara de Souza Macedo Almeida, nasci em Muriaé/MG. Sou casada com Denilson e mãe do Samuel. Psicóloga, teóloga e pós-graduanda em Neurociência, Comunicação e Desenvolvimento Humano, encontrei na Psicologia meu propósito de vida. O despertar para essa jornada acadêmica veio em um momento inesperado. Já era casada e mãe de um filho de 2 anos, mas algo dentro de mim sabia que era a hora certa. Desde então, minha maior paixão tem sido ajudar as pessoas a descobrirem e revelarem os tesouros que carregam dentro de si. Acredito que, à medida que a alma é cuidada e curada, ela se liberta para ser autêntica, permitindo que sua beleza e essência impactem o mundo muito além da dor. Foi assim comigo. E é isso que desejo compartilhar.

samaramacedo.psi

+55 (32) 99951-4097

samarasmalmeida.sm@gmail.com

UM OLHAR PARA A SAÚDE MENTAL
Caminhos para uma vida equilibrada

O IMPACTO DA AUTENTICIDADE NO EQUILÍBRIO ENTRE CORPO E MENTE

27

Por Samara Macedo

No mundo em que vivemos, a cada dia que passa aumenta a pressão cultural e social para que as pessoas se moldem a certos padrões, perdendo de vista o que realmente importa para elas. Muitas pessoas, por abrirem mão de quem realmente são, cedem às pressões externas e, consequentemente, desenvolvem inúmeros transtornos, simplesmente por decidirem se comportar de forma incongruente com quem realmente são.

Com o que você gasta seu tempo? Sua profissão ou formação foram escolhas suas? Você tem consciência de seu propósito de vida? O que o(a) alegra ou chateia? O que o(a) relaxa ou motiva? Parece simples de responder a essas perguntas, não é?

Com o passar dos anos em atendimento psicoterapêutico, pude perceber quantas pessoas se anulam ao preço de serem aceitas, acolhidas, amadas ou por temerem a possibilidade do conflito caso se posicionem apresentando sua própria opinião. Já vi desde pacientes que não escolheram a cor do cabelo até a profissão que iriam exercer. Em decorrência disso, muitos acabaram por responder à vida com passividade e desenvolveram transtornos como ansiedade, depressão e outros mais. É por isso que trago, neste capítulo, uma reflexão sobre a importância de encontrar e desenvolver a sua autenticidade.

Em seu livro *Tornar-se pessoa*, Carl Rogers (1997) descreve a autenticidade como a capacidade de sermos nós mesmos, sem fingimento ou pretensão, de sermos honestos, transparentes e verdadeiros conosco e com os outros. Para Rogers, ser autêntico é essencial para que possamos nos sentir realizados e nos desenvolvermos como pessoas. Destaco três características da pessoa autêntica: transparência, congruência e autonomia.

A autenticidade me faz transparente, sincera e honesta comigo e em minhas relações interpessoais. Ser transparente é identificar e acolher o que penso e sinto, ainda que não seja tão agradável assim. Somente quando somos claros quanto ao que pensamos ou sentimos é que desenvolvemos consciência. E a consciência dá poder de escolha.

Portanto, para ser saudável e desenvolver pensamentos funcionais, eu preciso primeiramente ser sincera comigo e tomar consciência dos meus pensamentos. Quando a consciência chega, posso escolher se vou nutrir ou não certo pensamento que chegou de forma automática. Às vezes, é bem difícil expressar alguns pensamentos. Afinal, pode ser que eles não sejam socialmente aceitos. Porém, somente quando exerço sinceridade comigo mesma sobre tais pensamentos é que posso alterá-los. Quero encorajá-lo(a): seja transparente consigo e com as pessoas, sobre o que você pensa e sente sobre você e sobre elas. A transparência é a chave para acolher e buscar se transformar. Não se engane não fuja de se relacionar consigo, pare de se ocupar de fugir dos seus próprios pensamentos. Estar consigo abre portas para acessar seu inconsciente e visitar de fato a motivação das suas ações.

Outra característica típica de pessoas autênticas é a congruência: ser congruente é ser consistente nos seus pensamentos, sentimentos e comportamentos. A congruência é uma dança sincronizada entre o que pensamos, sentimos e executamos. Não há dualidade entre pensamento e comportamento, porque você executa exatamente aquilo que constrói em seu pensamento com seus princípios, valores, ideais de vida, e que está correlacionado ao seu propósito, aquilo que faz sentido para sua vida, aliás, com o que dá sentido à sua vida. Quanto mais congruentes somos, quanto mais transparentes somos com nós mesmos e com as outras pessoas, maior é a nossa capacidade de autonomia.

Ser autônomo é decidir de acordo com seus valores e suas crenças. É uma caminhada paulatina em busca dos objetivos que se almeja alcançar. Ser autônomo é tornar-se responsável por si mesmo e identificar quais comportamentos e atividades têm significado para si e os que não importam tanto. Sua autonomia fala de você.

Sendo assim, transparência, congruência e autonomia são bases essenciais para se tornar autêntico. Uma pessoa autêntica aceita a si mesma não como alguém perfeito, obsoleto ou imutável. A autenticidade não faz de você alguém arrogante; ela faz com que se torne consciente de suas habilidades e aptidões e do que é necessário ser desenvolvido em busca não somente de ser funcional. A autenticidade o(a) coloca em funcionamento. À medida que acolhemos quem somos, esse movimento de autocompaixão ajuda a romper com a necessidade de corresponder às expectativas alheias em busca de aceitação. Decidir como tal, para ser aceito(a), é castrador e performático. Além de você se privar de mostrar quem você é, você desenvolve um comportamento de performance, e performance é o mesmo que atuar, ou seja, é entregar um comportamento que não tem nada a ver com quem você é. Por outro lado, quando você se aceita, você é livre para decidir de acordo com sua essência, e não existe nada mais leve do que quem você é assumir o protagonismo da sua vida. A autenticidade é uma chave poderosa para o equilíbrio entre mente e corpo.

Em seu livro *Ative seu cérebro*, a dra. Caroline Leaf (2018) afirma que nossos pensamentos são coisas reais e físicas que ocupam lugar na nossa mente, e que a nossa mente está organizada para controlar o nosso cérebro. O neuropsiquiatra Eric R. Kandel (2009), vencedor de um prêmio Nobel devido ao seu trabalho relacionado à memória, apresenta como os nossos pensamentos e imaginação penetram discretamente no nosso DNA, desativando ou ativando determinados genes e alterando a estrutura dos nossos neurônios.

Conforme o dr. Herbert Benson (*apud* Leaf, 2018), médico cirurgião e presidente do Instituto Mind Body da faculdade de medicina em Harvard, pensamentos negativos levam ao estresse, o que afeta as capacidades naturais de regeneração do seu corpo.

Percebe como a comunicação entre corpo e mente tem impacto significativo em nossa saúde física e mental? Conseguimos identificar que, à medida que nutrimos pensamentos, formamos a química que é distribuída para o nosso corpo.

Quando nutrimos pensamentos vitimistas, passamos a acreditar que o nosso bem-estar e a nossa alegria dependem do que as pessoas nos entregam ao longo da nossa vida, nos tornamos passivos e possivelmente frustrados. É interessante perceber que o comportamento de pessoas que pensam dessa maneira é de espera e expectativa para que algo aconteça ou que alguém lhes faça algo que mude a sua realidade. Já se a sua mente é bombardeada por pensamentos de incapacidade e você os acolhe e os nutre, o medo será seu parceiro de vida.

Essa parceria é autossabotadora e direciona a um comportamento evitativo. Se uma pessoa nutre uma crença de incapacidade, seu corpo todo se organiza para fugir mais do que lutar; a sequência de fugas constrói uma experiência química de estresse no meu corpo. Nossas emoções são tão biológicas quanto o funcionamento do nosso corpo todo.

Portanto, o que você acolhe como crença ou pensamento se transforma em química destrutiva ou construtiva e edificante para seu corpo. Conhecer essas informações e o fato de que seus pensamentos modelam até sua genética, o torna totalmente autorresponsável pelo que irá viver ao longo da sua vida.

É importante compreender que ser autorresponsável é dizer para si mesmo que o que se vive ou vai viver ao longo da existência é fruto de escolhas conscientes. Saber que o corpo é a casa dos pensamentos faz com que a gente reflita sobre a importância de cuidar dos nossos pensamentos para que todo nosso corpo se beneficie disso.

Percebe o grande impacto que a autenticidade pode trazer para sua mente e seu corpo? Se você é autêntico, você não deseja suprir expectativas alheias, distantes de quem você é. E é por isso que a ansiedade, que é inimiga de muita gente, pode ser vencida. Porque quando você é transparente com quem de fato você é, não há medo de não corresponder expectativas e de não ser aceito por isso. Quando você é autêntico, você consegue identificar de forma clara o que dá sentido à sua vida, e não há nada mais protetivo do que viver o seu propósito. A consciência de propósito de vida é o que brilha os nossos olhos e traz cor à vida, e só é possível encontrar seu propósito quando você se encontra de verdade dentro de você mesmo.

Conhecer-se e liberar-se para ser você pode impactar a química do cérebro e levá-lo(a) a viver em concordância de pensamento e comportamento; quanto estresse economizamos nessa sincronia! Ser transparente, congruente e autônomo faz-nos seguros em nossa autoestima, aumentando nossa autoconfiança. Portanto, aqui vão algumas dicas.

- Busque conhecer-se e, nesse processo de autoconhecimento, aceite-se e seja gentil consigo mesmo(a), exerça autocompaixão. Não se compare; você é único(a), singular e essencial no lugar que você ocupa no mundo. Quando você é autêntico(a), sua resposta ao mundo impacta todos à sua volta.

- Separe um tempo de qualidade para você, identifique seus pensamentos, busque evidências palpáveis e situações que afirmam que eles são reais. Se você não encontrá-las, descarte esses pensamentos; eles estão lhe contando mentiras sobre você mesmo.
- Aprenda a dizer "não". Essa palavra é tão pequena, contudo promove grandes impactos. Afinal, frustrar é tão saudável quanto dizer sim ao que se espera.
- Por fim, identifique alguém em quem você possa mostrar sua vulnerabilidade. Aprenda a retirar as armaduras e fazer guerra consigo mesmo quando necessário. A vulnerabilidade é um pilar necessário para mantê-lo transparente.

Compreenda que a construção da autenticidade é uma jornada contínua de transparência, congruência e autonomia rumo à conexão e construção de mente e corpo sãos. Tenha coragem de dar início a essa jornada e viva a leveza de ser você!

BIBLIOGRAFIA

KANDEL, E. R. *Em busca da memória*: o nascimento de uma nova ciência da mente. São Paulo: Companhia das Letras, 2009.

LEAF, C. *Ative seu cérebro*. São Paulo: Editora Gente, 2018.

ROGERS, C. R. *Tornar-se pessoa*. 5. ed. São Paulo: Martins Fontes, 1997.

"Quando você é autêntico,
a sua resposta ao mundo
impacta todos à
sua volta."

Samara Macedo

Dra. Silvia Rullo Melo

Sou a Silvia Rullo Melo, natural da cidade de São Paulo e tenho 44 anos. Sou casada, cristã, mãe de *pet*, ex-atleta de futebol, fisioterapeuta dermatofuncional, pós-graduada em injetáveis para harmonização dermatofuncional e formada pela Universidade do Grande ABC. Também faço parte de uma empresa de representação comercial da minha família. Aos 16 anos, me apaixonei pelo futebol e me tornei uma atleta profissional pelo Clube Atlético Juventus da Mooca. Amo muito cuidar de pessoas e, após encerrar minha carreira no futebol, iniciei a minha trajetória na estética, com o objetivo de ajudar mulheres e homens a se amarem e se aceitarem cada vez mais.

drasilviarullomelo

A ESTÉTICA QUE SE TORNA REFÚGIO ENTRE A PELE E A ALMA

28

Por Dra. Silvia Rullo Melo

A cada ano, o crescimento exacerbado da estética é notável. De acordo com dados da Associação Brasileira da Indústria de Higiene Pessoal, Perfumaria e Cosméticos (ABIHPEC), em um estudo feito e publicado pela Forbes (Weber, 2020), o Brasil é o quarto maior mercado de beleza e cuidados pessoais do mundo. Tal índice revela como a vontade em se cuidar está se tornando cada vez mais relevante perante a sociedade, levando em consideração a estética e a saúde.

No entanto, simultaneamente ao aumento de autocuidado, está a comparação em relação às outras pessoas. Como consequência, cresceram os índices de transtornos mentais, os quais levam muitas pessoas a buscarem um padrão de beleza inexistente, resultando, por exemplo, na prática da bulimia. Esse transtorno atinge 2,5% da população e é caracterizado pela ingestão excessiva de alimento em um curto período, muitas vezes sem que haja fome ou alguma necessidade física evidente, e, logo em seguida, a pessoa se sente culpada e, por isso, induz o vômito ou consome laxantes e diuréticos para não engordar.

Outro exemplo é a anorexia, que atinge 1% da população. Esse transtorno alimentar é resultado de um desejo excessivo de emagrecer para se adequar a um padrão de beleza. Há também o transtorno dismórfico corporal, que atinge entre 2% e 3% da população, e se caracteriza pela preocupação excessiva e descontrolada com a aparência física. Todos os transtornos citados podem resultar em ansiedade ou, até mesmo, em depressão.

Em uma matéria publicada pelo governo (Brasil, 2021), consta que a Organização Mundial de Saúde (OMS) concedeu por definição de saúde o completo bem-estar físico, mental e social, visando uma vida equilibrada e mais saudável. No entanto, apesar da existência de muitos estudos e conceitos assertivos para que a população tenha uma vida plena, a OMS relata que existem 12 milhões de pessoas atingidas pela depressão, denominada como a doença do século, um transtorno sério que interfere na vida diária de muitos. Diante de uma sociedade que sempre julgou e moldou os padrões do que é o "certo", existem inúmeras pessoas que tentam se adequar nesses quesitos, sem se preocupar realmente no que o exagero e a falta de limites podem ocasionar à saúde!

Muito se discute sobre o distúrbio da autoimagem ou disformismo corporal. Como já apresentado, esse transtorno faz com que o indivíduo não se veja como realmente ele é. Tal problema tem sua causa atrelada na busca utópica que sempre o leva ao caminho de mudanças bruscas para se parecer com alguém com quem se considera inferior.

Quando um profissional da estética identifica algum tipo de distúrbio em seus clientes, a orientação sempre vai ser indicá-lo a profissionais capacitados para encontrar a raiz do problema principalmente no quesito mental, pois quando uma pessoa chega no consultório com características de algum transtorno, nada será capaz de suprir suas expectativas.

Cada um tem sua história, seus sonhos e seus desejos, mas muitas pessoas confundem o que é o essencial. Muitas vezes, há vazios pelos quais buscam preencher por meio da estética, mas ela só trará grandes benefícios — como equilíbrio entre o corpo e a mente, autoestima, felicidade e plenitude — quando é realizada adequadamente.

A maioria dos seres humanos cria expectativas e falsas esperanças em lugares, objetos e pessoas, o que é totalmente compreensível, mas quanto mais apegado a estes fatores, mais difícil será se curar de algum transtorno.

Além das pessoas "desesperadas" por mudar a si mesmas, há também um outro lado que pode prejudicar mais ainda: os "profissionais" que não escolhem pela beleza natural, que não pensam no bem-estar de seus pacientes, e, quando estes dois se encontram, temos uma fusão de problemas, resultando em frustrações e/ou exageros. Este tipo de acontecimento deve servir de alerta para se pensar até que ponto vale a pena recorrer a mudanças físicas para estar dentro de um padrão inalcançável.

O problema não é a mudança em si, porque todo ser humano vive em constante mutação, mas, sim, a real razão que a leva fazer isso. Há uma citação bíblica que diz sobre a criação de Deus ter sido feita à sua imagem e semelhança (Gn 1:26). Nesse momento, além de religião, pode-se pensar sobre o versículo sob uma ótica um pouco diferente, na magnitude do Criador. Se tudo o que Ele faz é perfeito, por que não seria possível ver que todos nós também somos, já que integramos o todo? A vida acontece ao redor de cada um, todos possuem a parte vital que permite "criar" um ser humano, por exemplo, assim como a gestação de uma mulher. Se a capacidade é tão grandiosa para criar a vida, por que ainda há pessoas que não depositam total confiança em si mesmas?

Não há necessidade de mudanças estéticas para que se altere ou cubra alguma ferida, mental ou psicológica, até porque o mundo da beleza e estética vem para realçar ainda mais a beleza natural já existente, sem objetivos de mudanças extremas e desnecessárias.

Um olhar para a saúde mental é de extrema importância para todos, principalmente pelo fato de que atualmente há muitas informações e muitos meios de comunicação que acabam contribuindo para que os transtornos, a comparação e até mesmo a ansiedade se tornem itens mais comuns na vida dos cidadãos.

Toda mulher deve se sentir bonita por ser quem é, pela essência em seu coração. Quando há muita informação invalidada e vazia preenchendo o íntimo de cada ser, a verdade sobre si desaparece em meio a tantas questões. Isso não ocorre somente com as mulheres, mas, na maioria das vezes, são as mais afetadas, devido à comparação excessiva e sufocante para serem como se espera: todas iguais. Isso gera a sensação de inferioridade que está atrelada à ansiedade e aos transtornos em geral.

A estética tem por sua função cuidar e trazer de volta a verdade sobre cada indivíduo, mas, quando se ultrapassa a linha do essencial, ocorrem diversos problemas, desde os aparentes (como intercorrências, necroses) até óbitos. Mas, além desses há os problemas que não vemos, aqueles que estão no íntimo de cada um. Então, o desequilíbrio entra em cena, causando um vício para aquele que deseja sempre mais, com o argumento de querer estar "na sua melhor versão", mas o melhor mesmo é o mais natural, o simples e o real.

Um exemplo muito claro que ficou marcado em minha trajetória profissional foi quando uma paciente me procurou para realizar procedimentos estéticos e a cada sessão do tratamento notava algo de errado, pois sempre surgiam mais e mais queixas. Constantemente, ela reclamava que precisava emagrecer e melhorar o seu corpo, mesmo indo à academia, tendo uma alimentação regrada e fazendo procedimentos estéticos, ela não conseguia ver nenhum resultado.

Então, de maneira despretensiosa, um dia a questionei sobre suas queixas e perguntei como ela se sentia ao se olhar no espelho. Ela, então, disse bem claro que não conseguia se olhar muito. Naquele instante, indaguei como ela poderia se cobrar tanto. Com os olhos rasos d'água, ela me relatou: "Meu marido me fala todos os dias que estou gorda e flácida e que tenho que me cuidar mais". Esse momento foi crucial para compreender o que ela sentia e a razão por estar ali em meu consultório.

Com muita delicadeza e empatia, indiquei um profissional que pudesse mostrar a ela o que realmente estava acontecendo. Com sorte, ela aceitou procurar ajuda e se apegar ainda mais na fé. Enxergou que realmente ela era linda, além do que imaginava, e que o problema não estava em si. Desse modo, conseguiu abrir os olhos e o coração para o que estava obscuro e enxergar o que era mais que óbvio, que sua beleza interior refletia em seu exterior, mas, muitas vezes, passava despercebido diante das dificuldades.

Precisamos compreender que, às vezes, não conseguimos ter a real dimensão de que nos distanciamos da nossa essência, mas, quando dividimos o que sentimos com alguém, as mãos se entrelaçam e tudo é resolvido com mais clareza e leveza.

A beleza vem de dentro. Se o interior não estiver curado, o exterior ficará sempre doente! Não é errado buscar por auxílio profissional se estiver em dilema interno.

Não se esqueça da grandiosidade que habita em seu ser. Sua beleza e força são o que o (a) moldam; não deseje mudar aquilo que faz você ser quem é. É justamente por esse motivo que muitos amam você. Você é especial, com ou sem procedimentos. Que essa afirmação se torne uma verdade em sua vida.

BIBLIOGRAFIA

WEBER, M. Brasil é o quarto maior mercado de beleza e cuidados pessoais do mundo. *Forbes Brasil*, São Paulo, jul. 2020. Disponível em: https://forbes.com.br/principal/2020/07/brasil-e-o-quarto-maior-mercado-de-beleza-e-cuidados-pessoais-do-mundo/. Acesso em: 23 abr. 2025.

BRASIL. Ministério da Saúde. O que significa ter saúde? *Ministério da Saúde*, Brasília, DF, jul. 2021. Disponível em: https://www.gov.br/saude/pt-br/assuntos/saude-brasil/eu-quero-me-exercitar/noticias/2021/o-que-significa-ter-saude. Acesso em: 23 abr. 2025.

BÍBLIA SAGRADA. Nova Versão Internacional (NVI). Disponível em: https://www.bibliaon.com/. Acesso em: 23 abr. 2025.

"Sua beleza e sua força são o que o(a) moldam. Não deseje mudar aquilo que faz você ser quem é. É justamente por esse motivo que muitos amam você."

Dra. Silvia Rullo Melo

Valmer Albuquerque

Sou Valmer Albuquerque, filho amado de Deus, casado há quinze anos com Bartiria Silva e pai de duas meninas, Sophia e Sarah. Natural de Brasília/DF, atualmente resido em Maringá/PR, onde sou diretor do grupo Chave Mestra no Paraná. Além de empresário, palestrante, especialista em liderança e especialista comportamental, com mais de 10 mil horas de atendimentos individuais, sou mentor e estrategista de negócios digitais.

Meu chamado é ajudar profissionais do desenvolvimento pessoal a criarem métodos próprios e posicionarem-se com autoridade, liberdade e propósito. Assim, contribuo para que essas pessoas possam organizar seu conhecimento, construir mentorias de alto valor e viver do seu chamado. Acredito que o mundo precisa de gente corajosa, que transforme dores em propósito e experiência em impacto.

valmeralbuquerque

O CÓDIGO DA LIDERANÇA INTELIGENTE

29

Por Valmer Albuquerque

Onde tudo começa

Durante muito tempo liderança foi confundida com comando. Acreditava-se que quem liderava deveria controlar, direcionar, dar ordens e manter distância; o respeito era imposto pelo cargo, não conquistado pela presença. Emoções eram vistas como fraqueza, e vulnerabilidade como uma ameaça à autoridade. Mas o mundo mudou, e com ele mudaram também as exigências sobre quem ocupa posições de liderança. Hoje, não basta ter habilidades técnicas ou domínio de processos. Quem lidera precisa de equilíbrio emocional, autogestão e, principalmente, uma capacidade real de se conectar com o outro.

A pandemia escancarou uma realidade que muitos ignoravam: estamos vivendo um verdadeiro descontrole emocional coletivo. O nível de exaustão nas organizações está fora de controle e, agora, o próprio governo federal reconhece essa urgência. Em março de 2024, entrou em vigor a Lei nº 14.831 (Brasil, 2024), que criou o Certificado Empresa Promotora da Saúde Mental, uma honraria concedida a empresas que investem no bem-estar emocional dos seus colaboradores. A mensagem é clara: **não dá mais para falar de produtividade sem falar de saúde mental**. A cultura da alta performance sem consciência emocional está colapsando, e a transformação precisa começar onde tudo nasce: na liderança.

Mas como liderar os outros se mal conseguimos liderar a nós mesmos? É aí que nasce o conceito da **liderança inteligente**, que integra razão e emoção, estratégia e humanidade, performance e propósito. Uma liderança que compreende que resultados duradouros não se constroem apenas com metas bem definidas, mas com pessoas bem-cuidadas. Todo líder precisa cultivar equilíbrio e olhar para dentro, curar o que ainda o limita e expandir a sua mentalidade. Este capítulo é um chamado para destravar um novo código de liderança, que, a partir de agora, pode mudar para sempre a forma como você lidera e vive.

O modelo que ainda forma líderes quebrados

O maior erro da liderança tradicional não está na falta de conhecimento técnico, e sim na ausência de inteligência emocional de quem lidera. Temos líderes formados para entregar resultados, mas não preparados para lidar com a carga emocional que esse papel exige. Mesmo sabendo o que fazer, muitas vezes não sabem como se sustentar emocionalmente enquanto fazem. O problema é que o modelo antigo ainda dita as regras: que ensina a bater metas, mas não a gerir frustrações; exalta a produtividade, mas silencia o esgotamento; premia quem suporta a pressão, mesmo que esteja prestes a implodir. É por isso que tantos líderes estão emocionalmente exaustos mesmo sendo competentes; embora sejam bons estrategistas, estão desorganizados internamente. Líderes assim tomam decisões apressadas, ignoram sinais emocionais da equipe, distanciam-se e, sem perceber, tornam-se fontes de tensão, quando deveriam ser pilares de estabilidade.

O impacto de um líder é medido não apenas pelo que ele entrega, mas pelo que ele desperta nas pessoas que conduz. Se não formarmos líderes inteiros, continuaremos colhendo equipes partidas. **Se não curarmos o interior do líder, nenhum plano estratégico se sustenta a longo prazo. A verdade é dura, mas precisa ser dita: líderes feridos ferem.**

Quando as emoções não são devidamente processadas, elas se acumulam como brasas sob a superfície, gerando sentimentos negativos e reações desproporcionais. Assim como um vulcão em erupção, elas podem explodir de forma inesperada, causando sofrimento e afetando as relações interpessoais. Porém, ainda há tempo para trilhar um novo caminho, e ele começa com o despertar da consciência.

Quando a liderança silencia, o sistema grita

Tudo o que um líder represa em si mais cedo ou mais tarde transbordará; pode vir disfarçado de rigidez, distanciamento ou até “alta performance”; mas quando o interior está em colapso, o impacto é inevitável e coletivo. O preço de uma liderança emocionalmente desalinhada é altíssimo. Empresas perdem seus melhores talentos não por falta de salário, mas por falta de saúde emocional: equipes adoecem em silêncio, implodindo sob a pressão de expectativas mal comunicadas e climas emocionais instáveis.

Em maio de 2019, eu tinha quatrocentas anos e liderava quase quatrocentas pessoas em uma grande organização. Para todos ao meu redor, parecia que eu estava no auge. Por dentro, no entanto, eu estava me desintegrando. Trabalhava sem parar, sem férias, com o celular ligado 24 horas por dia, vivendo sob pressão extrema por resultados. Minha filha mais nova tinha apenas 7 meses e, mesmo fisicamente presente, eu era ausente emocionalmente. Foi então que tudo desmoronou. Tive um *burnout* e fui parar no hospital. Naquele dia, ouvi do médico uma frase que rasgou minha alma: "Se você não mudar seu estilo de vida, talvez não veja sua filha crescer". Apesar de entregar metas e resultados, me perdia no excesso de fazer.

Depois daquele dia no hospital, algo dentro de mim mudou para sempre: eu entendi que se quisesse ver minha filha crescer e ser o exemplo que ela merece, precisaria me reinventar por completo. Mergulhei em formações sobre comportamento humano, inteligência emocional e liderança. Quanto mais eu me curava, mais percebia o quanto minha liderança também se transformava; me tornei mais leve, mais estratégico, mais intencional, descobri que não precisava carregar o mundo nas costas para ser referência, eu só precisava estar inteiro.

Emoção, estratégia e impacto

Nesse processo de reconstrução, nasceu o Código da Liderança Inteligente — que hoje levo para líderes, empresários, profissionais do desenvolvimento pessoal, empresas e organizações que desejam resultados sustentáveis sem abrir mão da saúde emocional. Minha dor virou missão, minha história virou ponte; agora, liderar é minha forma de transformar de dentro para fora. Esse Código se apoia em três pilares inegociáveis: emoção, estratégia e impacto.

Pilar 1 — Emoção: o autogoverno do líder

Liderar é influenciar a partir de quem você é, não do cargo que ocupa. A sua identidade é o verdadeiro alicerce da sua liderança e, quanto mais clareza tiver sobre a sua essência, mais forte será o impacto que você gera ao seu redor. Sem autogoverno, não existe liderança sustentável. Se você não aprender a governar suas emoções, será inevitavelmente conduzido por elas. Lembre-se: liderança não se impõe, ela é percebida, sentida e conquistada na coerência entre presença, consciência e verdade.

O líder emocionalmente inteligente:

- reconhece seus gatilhos antes de explodir;
- escuta com empatia antes de responder; e
- toma decisões com equilíbrio, mesmo sob pressão.

Exercício prático: separe cinco minutos do seu dia para fazer uma pergunta simples: "O que estou sentindo agora?".

Pilar 2 — Estratégia: clareza na direção

Quando o emocional está alinhado, a mente ganha clareza. E é a clareza que permite ao líder enxergar além do caos, tomar decisões com intenção e mover sua equipe com foco. Liderar com estratégia não é sobre fazer muito, é sobre fazer o que importa, é saber dizer "não" para o excesso e "sim" para a direção certa.

O líder estratégico:

- prioriza com consciência;
- comunica com precisão;
- age com propósito, não por impulso; porque estratégia sem equilíbrio emocional vira rigidez, e emoção sem estratégia vira desorganização.

Em outras palavras, o verdadeiro líder aprende a dançar entre a estratégia e a emoção com firmeza e flexibilidade.

Pilar 3 — Impacto: a cultura que você gera

Todo líder está moldando uma cultura. Queira ou não, a forma como você fala, decide e se comporta comunica algo; liderança é uma transferência emocional contínua. A pergunta é: o que você está transferindo? Confiança ou tensão? Clareza ou confusão? Presença ou pressão? A liderança inteligente entende que o impacto real não está só nas metas batidas, mas na influência positiva que você está causando em quem está ao seu redor. Pergunta: seus liderados se tornam melhores debaixo da sua liderança?

A escolha de liderar de dentro para fora

Liderar não é sobre *status*, holofotes ou cargos elevados; é sobre servir, entregar, ser a presença que fortalece mesmo no silêncio; é sobre ser o tipo de pessoa que os outros lembram com gratidão porque você os fez sentir vistos, ouvidos e capazes, porque você estava lá quando ninguém mais estava; e porque, de alguma forma, sua presença foi cura e direção ao mesmo tempo.

John Maxwell (2008, p. 95) diz que "as pessoas não se importam com o quanto você sabe, até saberem o quanto você se importa". Essa é a essência da liderança inteligente: importar-se de verdade, importar-se com o outro, importar-se com o impacto que sua energia provoca ao entrar em uma sala. Você pode ser o motivo pelo qual alguém volta a acreditar em si mesmo ou o motivo pelo qual alguém desiste de confiar em líderes. Isso não depende da sua formação nem do seu título, mas da sua escolha diária de como liderar com presença ou ausência, com escuta ou ego, com humanidade ou pressa.

Todo líder deixa uma marca: alguns deixam cicatrizes; outros, deixam sementes; alguns dividem, outros multiplicam; alguns impõem, outros inspiram; a escolha é sua. Que tipo de marca você quer deixar? Quem as pessoas se tornarão por causa da sua liderança? O que você está realmente cultivando no dia a dia?

Chegou a hora de ser vulnerável e, se for preciso, pedir ajuda e ter coragem de ser inteiro, mesmo em tempos em que a maioria prefere parecer forte; porque, no fim das contas, **você não lidera o que você finge ser, você lidera a partir de quem você é**.

Se este capítulo despertou algo em você, talvez seja o seu momento de virar a chave, alinhar quem você é como o líder que nasceu para ser. Eu tenho uma mentoria exclusiva em que ajudo líderes a desenvolver alta performance sem perder a sua essência, envie-me uma mensagem agora mesmo no Instagram e vamos dar início a uma nova história. Que Deus abençoe a sua vida, que você seja luz na vida das pessoas ao seu redor.

BIBLIOGRAFIA

BRASIL. *Lei nº 14.831, de 27 de março de 2024.* Institui o Certificado Empresa Promotora da Saúde Mental e estabelece os requisitos para a concessão da certificação. Brasília, DF: Presidência da República, 2024. Disponível em: https://www.planalto.gov.br/ccivil_03/_ato2023-2026/2024/lei/L14831.htm. Acesso em: 5 abr. 2024.

MAXWELL, J. C. *Você nasceu para liderar*: o maior treinador de líderes da atualidade ensina os segredos para desenvolver o líder que existe em você. Rio de Janeiro: Thomas Nelson Brasil, 2008.

"Se não curarmos o interior do líder, nenhum plano estratégico se sustenta no longo prazo. A verdade é dura, mas precisa ser dita: líderes feridos ferem."

Valmer Albuquerque

Viviane Vale

Sou Viviane, a segunda filha de três mulheres, nascida em Monlevade/MG. Cheguei em Belo Horizonte aos 18 anos para fazer faculdade e foi onde construí a minha família, a minha vida. Tenho dois lindos filhos, Pedro Miguel e João Guilherme, que valem tudo o que vivi. Graduei-me em Psicologia em 2000 e, mais tarde, especializei-me em Neuropsicologia, Formação Pedagógica para Profissionais de Saúde e Terapia Cognitivo-Comportamental. Atualmente, faço mestrado em Neuropsicologia. Tenho minhas dores, minhas conquistas, minhas decepções, meus erros, meus acertos, meus amores. Isso me aproxima daqueles que me buscam como psicóloga, não por ter receitas prontas, mas por empatia, para ajudá-los a encontrarem uma forma mais saudável de encaminharem suas queixas. Promover saúde mental ao maior número de pessoas é o meu propósito.

vivianevalepsicologa

www.psicologavivianevale.com.br

SAÚDE MENTAL: BASE PARA UMA VIDA EQUILIBRADA

30

Por Viviane Vale

O impacto das emoções no corpo e na mente: uma perspectiva neuropsicológica

Emoções não são apenas estados mentais temporários; elas têm um impacto significativo no corpo, influenciando nossa saúde física e mental. Cada experiência emocional desencadeia uma série de reações no sistema nervoso que afetam a frequência cardíaca, a respiração, a liberação de hormônios e até o funcionamento do sistema imunológico. Respostas emocionais equilibradas promovem bem-estar, enquanto o estresse crônico e a desregulação emocional podem causar efeitos negativos, como ansiedade, fadiga e doenças psicossomáticas. Entender esse processo é crucial para aprender a regular as emoções e manter um estado de equilíbrio. Neste capítulo, vamos explorar como o sistema nervoso reage às emoções e quais estratégias podem ser adotadas para promover saúde mental e qualidade de vida.

As emoções desencadeiam uma série de respostas fisiológicas que podem afetar nossa saúde física e mental. A Neuropsicologia analisa a interação entre o cérebro, o sistema nervoso e os processos cognitivos e emocionais. A resposta emocional é um processo complexo mediado pelo sistema nervoso, principalmente o sistema límbico e o sistema nervoso autônomo (SNA), que trabalham juntos para interpretar estímulos emocionais, regular reações fisiológicas e influenciar o comportamento.

Sistema límbico: o cérebro emocional

O cérebro processa estímulos emocionais por meio de um circuito complexo que envolve o sistema límbico, especialmente a amígdala. Esta região atua como um "alarme emocional", ativando o sistema nervoso autônomo ao detectar ameaças, reais ou percebidas. Isso desencadeia a resposta de luta ou fuga, regulada pelo eixo hipotálamo-hipófise-adrenal (HHA), liberando hormônios como cortisol e adrenalina.

Vale ressaltar que um alarme constantemente disparado gera sobrecarga, causa muitas vezes do transtorno de ansiedade, por exemplo.

- Amígdala: responsável por identificar estímulos emocionais, principalmente relacionados ao medo e perigo. Segundo Joseph LeDoux (1998), a amígdala é crucial para respostas rápidas a ameaças, ativando o eixo HHA e o sistema nervoso simpático.
- Hipotálamo: funciona como centro de comando da resposta ao estresse, regulando a liberação de hormônios como cortisol e adrenalina.
- Hipocampo: relacionado à memória emocional e ao contexto das experiências emocionais. Antonio Damasio (1996) destacou o papel do hipocampo na modulação da resposta emocional com base em experiências passadas.
- Córtex pré-frontal: regula a intensidade das emoções e auxilia na tomada de decisão. Estudos de Richard Davidson (2012) mostram que indivíduos com maior ativação do córtex pré-frontal esquerdo possuem melhor controle emocional.

Sistema nervoso autônomo: resposta corporal às emoções

O sistema nervoso autônomo regula funções involuntárias, como batimentos cardíacos, respiração e digestão, e se divide em dois sistemas principais que respondem às emoções: o sistema nervoso simpático e o sistema nervoso parassimpático.

O sistema nervoso simpático é uma resposta de luta ou fuga. Quando a amígdala percebe uma ameaça, ativa esse sistema, preparando o corpo para reagir. Isso inclui: aumento da frequência cardíaca e pressão arterial, dilatação das pupilas para melhorar a visão, redução da atividade digestiva para economizar energia e liberação de adrenalina e cortisol para aumentar a energia disponível.

Essa resposta é vital para a sobrevivência, mas Robert Sapolsky (2004) observa que, quando crônica, pode levar a problemas de saúde como hipertensão e ansiedade.

Já o sistema nervoso parassimpático é uma resposta de relaxamento. Após um momento de estresse, esse sistema entra em ação para restaurar o equilíbrio. Ele reduz a frequência cardíaca e a pressão arterial, estimula a digestão e outras funções metabólicas e promove relaxamento e bem-estar.

A ativação do sistema parassimpático pode ser estimulada por técnicas como respiração profunda e meditação.

Além do SNA, há o eixo Hipotálamo-Hipófise-Adrenal, que regula a resposta ao estresse ao liberar cortisol, um hormônio que ajuda o corpo a lidar com desafios. Contudo, a exposição prolongada ao estresse pode causar efeitos negativos, como: redução da plasticidade neural no hipocampo, maior risco de depressão e ansiedade, e supressão do sistema imunológico.

Os efeitos fisiológicos de emoções

É preciso salientar que não existem emoções melhores ou piores, boas ou ruins. Todas elas desempenham papel crucial em nossas vidas. Cada uma tem funções específicas que nos ajudam a responder à diferentes situações de forma adaptativa. Existem emoções de efeito positivo e de efeito negativo.

Efeitos de emoções negativas:

- sistema cardiovascular: o estresse prolongado pode elevar a pressão arterial e aumentar o risco de doenças cardiovasculares devido à alta liberação de cortisol e adrenalina;
- sistema imunológico: emoções negativas prolongadas reduzem a imunidade, tornando o corpo mais suscetível a infecções e doenças autoimunes;
- sistema digestivo: ansiedade e estresse afetam a microbiota intestinal, podendo causar inflamações, alterações no apetite e distúrbios como gastrite e síndrome do intestino irritável;
- sistema nervoso: o aumento do cortisol em longo prazo pode levar à neurotoxicidade, comprometendo estruturas como o hipocampo, essencial para memória e aprendizagem, favorecendo quadros de esquecimento e fadiga mental.

As emoções positivas promovem benefícios na saúde mental e física. Vivenciar atividades que promovem prazer e bem-estar pode liberar neurotransmissores como:

- dopamina: relacionada à motivação e ao prazer;
- serotonina: reguladora do humor, essencial para a estabilidade emocional;
- ocitocina: ligada à sensação de conexão social e bem-estar;
- endorfina: atua como analgésico natural, reduzindo a dor e promovendo relaxamento.

Regulação emocional: a chave para uma vida em equilíbrio

A regulação emocional é uma ferramenta importante, sendo a chave para a saúde mental. Envolve a capacidade de identificar, compreender e gerenciar emoções de maneira adaptativa, permitindo respostas adequadas às situações cotidianas.

A Neuropsicologia e a Neurociência trazem contribuições valiosas sobre como o cérebro processa emoções e como podemos fortalecer essa habilidade por meio de estratégias baseadas em evidências.

Indivíduos com boa regulação emocional conseguem manter a estabilidade diante de desafios, enquanto dificuldades nessa área estão associadas a sofrimento emocional e transtornos mentais.

A desregulação emocional é sintoma em vários transtornos, como no Transtorno do déficit de atenção com hiperatividade (TDAH), nos transtornos de personalidade, no transtorno bipolar etc. Porém, ela não é, exclusivamente, sintoma de alguma patologia; pode ser um padrão de funcionamento disfuncional do sujeito sem necessariamente estar ligada a um diagnóstico. A desregulação faz com que o sujeito reaja com mais intensidade à determinadas situações. Algumas patologias mentais são, em parte, caracterizadas pela permanência de emoções negativas e a incapacidade de regulá-las.

Benefícios de ter boa regulação emocional:

- menos estresse e ansiedade: menor ativação do eixo HHA, reduzindo a liberação excessiva de cortisol;
- melhores relacionamentos: a autorregulação contribui para a empatia, comunicação eficaz e menor reatividade em conflitos;
- maior resiliência: indivíduos que regulam bem suas emoções lidam melhor com frustrações e adversidades;
- saúde física: menor risco de doenças cardiovasculares e melhor funcionamento do sistema imunológico.

Estratégias baseadas em evidências para melhorar a regulação emocional

1. Reavaliação cognitiva: reinterpretar um evento emocional para reduzir sua carga negativa.

Dica: em vez de pensar "Eu falhei completamente nessa apresentação", busque reavaliar: "Foi uma oportunidade de aprendizado para melhorar na próxima vez".

2. *Mindfulness* e meditação: fortalecer conexões entre o córtex pré-frontal e a amígdala, reduzindo reações impulsivas.

Dica: reserve de 5 a 10 minutos diários para focar na respiração e observar seus pensamentos sem julgamento.

3. Exercício físico: reduzir níveis de cortisol e aumentar a liberação de endorfinas.

4. Técnicas de respiração: ativar o sistema nervoso parassimpático, promovendo relaxamento.

Dica: experimente a técnica 4-7-8: inspire pelo nariz por 4 segundos, segure por 7 segundos e expire lentamente pela boca por 8 segundos.

5. Escrita expressiva: processar experiências difíceis e reduzir a carga emocional negativa.

Dica: dedique 15 minutos por dia para escrever sobre seus sentimentos e pensamentos sem censurá-los.

6. Conexões sociais: estimular a liberação de ocitocina, reduzindo o estresse e promovendo bem-estar emocional.

Dica: invista tempo em amizades e redes de apoio. Conversar com pessoas confiáveis sobre suas emoções contribui para a regulação emocional.

7. Terapia cognitivo-comportamental: ajudar a entender os pensamentos automáticos, crenças e distorções cognitivas, proporcionando ações mais conscientes.

Compreender como o cérebro processa emoções e aplicar as técnicas corretas pode transformar a forma como lidamos com desafios emocionais, promovendo maior equilíbrio e bem-estar.

Pequenas mudanças diárias podem ter um grande impacto na sua vida. Está disposto(a) a fazer a sua parte na construção de uma vida que valha a pena?

BIBLIOGRAFIA

DAMASIO, A. R. *O erro de Descartes*: emoção, razão e o cérebro humano. São Paulo: Companhia das Letras, 1996.

DAVIDSON, R. J. *O estilo emocional do cérebro*. Rio de Janeiro: Objetiva, 2012.

LEDOUX, J. *O cérebro emocional*: os mistérios da vida emocional do cérebro. São Paulo: Companhia das Letras, 1998.

PANKSEPP, J. *Affective Neuroscience*: The Foundations of Human and Animal Emotions. Oxford: Oxford University Press, 1998.

SAPOLSKY, R. *Por que as zebras não têm úlceras?* São Paulo: Editora Rocca, 2004.

VAN DER KOLK, B. *O corpo guarda as marcas*: cérebro, mente e corpo na superação do trauma. Porto Alegre: Editora Artes Médicas, 2016.

"Eduque os seus impulsos
e seja você a
sua bússola."

Viviane Vale

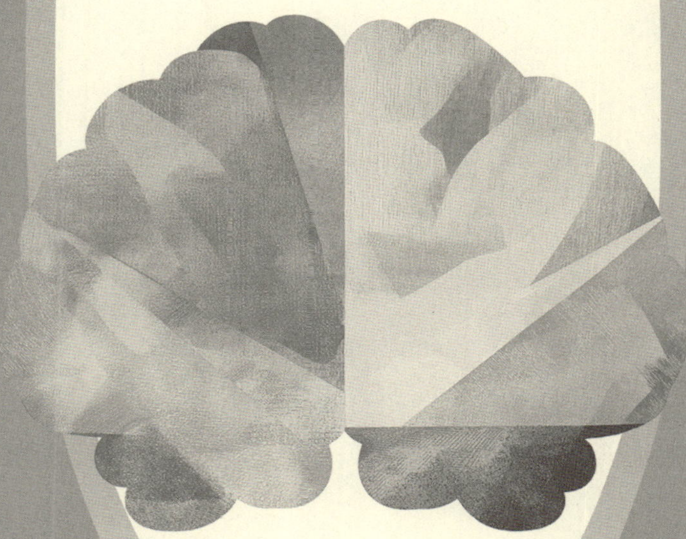

EDITORA
CHAVE MESTRA®

Instagram: @editorachavemestra

E-mail: editora@editorachavemestra.com.br

Site: www.editorachavemestra.com.br